Der Schein des Anstoßes

Schwangerschaftskonfliktberatung nach dem Papstbrief

D1994084

Johannes Reiter (Hrsg.)

Der Schein des Anstoßes

Schwangerschaftskonfliktberatung nach dem Papstbrief

Fakten – Dokumente – Perspektiven

Herder
Freiburg · Basel · Wien

© Verlag Herder, Freiburg im Breisgau 1999
Alle Rechte vorbehalten

Umschlaggestaltung: Neil McBeath
Titelmotiv: © Tony Stone
Herstellung: Freiburger Graphische Betriebe
Gedruckt auf umweltfreundlichem,
chlorfrei gebleichtem Papier
Printed in Germany

ISBN 3-451-26956-2

Inhalt

III. *Reaktionen*

Vorwort des Herausgebers

Schon länger hatte man in Deutschland auf den Brief gewartet, in dem sich Papst Johannes Paul II. zur Schwangerschaftskonfliktberatung äußern würde – die einen in der Hoffnung, daß ein päpstliches Machtwort endlich Klarheit schaffen würde, die anderen in der Befürchtung, der Papst könnte in seinem Schreiben einen so hohen Verbindlichkeitsgrad wählen, daß die Folgen für die Kirche in Deutschland unabsehbar und der Schaden kaum eingrenzbar wäre. Zu beidem ist es nicht gekommen.

Dennoch: die Bischöfe konnten die Bitte des Papstes, künftig »einen Schein solcher Art« nicht mehr auszustellen, nicht abschlagen. Aber die Neuordnung, die in dem Schreiben von Johannes Paul II. unmißverständlich angemahnt wird, wollen die Bischöfe im Hinblick auf die komplexe Materie mit vielen diffizilen Fragen nicht überstürzen. Eine bischöfliche Arbeitsgruppe soll näherhin untersuchen, wie man dem Anliegen des Papstes entsprechen kann, und dazu Vorschläge ausarbeiten, über die auf der Frühjahrsvollversammlung der Bischöfe vom 22.–25. Februar 1999 zu entscheiden ist.

Das Medienspektakel um den Papstbrief mit vielen Spekulationen und Stimmungen war schnell verklungen, die ernsthafte Arbeit und Auseinandersetzung mit dem Thema ist weitergegangen. Sie wird nicht nur in der bischöflichen Arbeitsgruppe geführt, sondern auch von all jenen, denen an der Würde und dem Schutz des menschlichen Lebens gelegen ist.

In diesem Band sind für die zum Teil unübersichtliche Diskussion sowohl die wichtigsten Dokumente als auch weiterführende Beiträge und Materialien zusammengestellt. Dabei wurde auf schon Veröffentlichtes zurückgegriffen, aber auch Neues geschrieben. Bei der Zusammenstellung der Reaktionen konnte es keinesfalls um Vollständigkeit gehen; es mußte ausgewählt werden, und dies geschah unter den Kriterien des Bleibenden, des Neuen und des Weiterführenden. Das Buch versteht sich als Orientierungs- und Arbeitshilfe in der Absicht, die Debatte um den besten Weg konstruktiv zu beleben und zur Findung einer guten Lösung beizutragen.

Den einzelnen Institutionen, den Mitarbeiterinnen und Mitarbeitern sei hiermit für die Abdruckerlaubnis bzw. für die schnelle Fertigstellung der Manuskripte gedankt, meinem Assistenten, Herrn Christoph Götz, für seine Unterstützung, dem Verlag Herder, der die Initiative zu dem Buch ergriffen hat, für die rasche Drucklegung, insbesondere auch seinem Lektor, Herrn Burkhard Menke, für die kompetente und liebenswürdige Begleitung des Projekts.

Mainz, im Advent 1998
JOHANNES REITER

1. *Suche nach neuen Wegen*

Johannes Reiter

Schwangerschaftskonfliktberatung nach dem Papstbrief

Analyse – Reaktionen – Perspektiven

Die rechtliche Neuregelung des Schwangerschaftsabbruches in den §§ 218 ff. des deutschen Strafgesetzbuches (StGB) von 1995[1] wurde, obwohl die deutschen Bischöfe schon damals auf die Schwachpunkte des Gesetzes aufmerksam gemacht hatten, von dem überwiegenden Teil der Bevölkerung als Kompromiß angesehen, mit dem man leben konnte und mit dem endlich der jahrzehntelange Streit um die Abtreibung beendet schien. Mit dem fünfseitigen Papstbrief an die deutschen Bischöfe vom 11. Januar 1998, dem noch ein dreiseitiger Kommentar beigefügt ist, wurde die Problematik erneut aufgerollt. Und die heftigen inner- wie außerkirchlichen Reaktionen auf den Brief zeigen, daß hier ein höchst sensibler Punkt getroffen wurde.[2]

Gründe und Hintergründe

Die Sorge des Papstes beruht auf gewichtigen Gründen.[3] Sie ist auch vor dem Hintergrund zu sehen, daß die Zahl der Abtreibungen nach der neuen gesetzlichen Regelung auf hohem Niveau bleibt. Und manche Schwangerschaftsabbrüche scheinen sogar wieder Teil der Familienplanung zu werden. Über die Hälfte der Frauen, die sich für eine Abtreibung entscheiden, haben bereits Kinder, sind verheiratet.[4] Darüber hinaus durchzieht eine tiefe Bewußtseinsspaltung unsere Bevölkerung. Einerseits verteidigt man den Lebensschutz von der Eibe bis zur Grasmücke, andererseits weigert man sich, Konsequenzen aus der Tatsache zu ziehen, daß mit der Vereinigung von Ei- und Samenzellen neues menschliches Leben vorliegt, dem eine eigene Würde zukommt.[5]

Schließlich waren es auch dem Vatikan zugeleitete Briefe, auf die der Papst mit seinem Schreiben reagierte. Schon seit langem ist bekannt, daß kleine Gruppen der kirchlichen Beratungsarbeit vorwerfen, allein schon durch das Ausstellen der Beratungsbescheinigung in die Tötung Unschuldiger verwickelt zu sein. Die große Mehrheit – die das gegenwärtige System der Beratung verteidigt, es trotz aller Mängel für eine Chance hält, für das Leben des Ungeborenen in jedem einzelnen Fall zu kämpfen – hat sich nicht beschwerdeführend nach Rom gewandt.[6]

Kollegialer Dialog mit Vorgaben

Der Papstbrief läßt einen kollegialen Dialog zwischen seinem Verfasser, der Bischofskonferenz und den Vatikanbehörden erkennen.[7] Der Brief ist im Ton moderat, einfühlsam und um Argumente und Verständnis bemüht. In der Sache allerdings hat sich der Papst gegen die Mehrheitsmeinung der deutschen Bischöfe durchgesetzt, obwohl der Brief auch eine gewisse Verlegenheit dokumentiert. Er appelliert an den Einfallsreichtum der Bischöfe, deutet aber keinen Vorschlag an, der realpolitisch durchsetzbar wäre.

Speziell geht es dem Papst um die Zuordnung der katholischen Beratungsstellen zur Schwangerschaftskonfliktberatung auf gesetzlicher Grundlage und hier wiederum um die Ausstellung des Beratungsscheines. Der Schein, so sieht es der Papst, sei mit einer gewissen Zweideutigkeit behaftet. Einerseits bestätige er, daß eine Beratung stattgefunden hat, andererseits sei er ein »notwendiges Dokument für die straffreie Abtreibung«. Durch diese Zweideutigkeit werde allerdings, und dies ist die Sorge und das Hauptargument des Papstes, »die Klarheit und Entschiedenheit des Zeugnisses der Kirche und ihrer Beratungsstellen« bezüglich des Lebensschutzes »verdunkelt«. Der Papst bittet daher die Bischöfe »eindringlich«, »daß ein Schein solcher Art in den kirchlichen oder der Kirche zugeordneten Beratungsstellen nicht mehr ausgestellt wird«. Gleichwohl soll »die Kirche auf wirksame Weise in der Beratung hilfesuchender Frauen präsent bleiben«, ja sie soll die Beratung sogar »noch verstärken«. Für einen Ausstieg aus der gesetzlich geregelten Schwangerschaftskonfliktberatung wird keine Weisung erteilt.

Wertegebundene Beratung der katholischen Kirche hat wichtige Funktionen

Um die vom Papst im Hinblick auf den Beratungsschein festgestellte Zweideutigkeit und die damit verbundene mögliche Verdunkelung des Zeugnisses der Kirche bezüglich des Lebensschutzes wußten auch immer schon die deutschen Bischöfe. Sie haben dem entgegengewirkt, indem sie sich wieder und wieder in aller Deutlichkeit für das Lebensrecht des ungeborenen Kindes ausgesprochen haben,[8] so daß heute niemand in der Öffentlichkeit ernsthafte Zweifel an der Auffassung der katholischen Kirche in dieser Frage haben kann. Und einen Rest an Zweideutigkeit haben die Bischöfe als das kleinere Übel auf sich genommen, und zwar im Hinblick auf das höhere Gut, daß nämlich durch die kirchliche Schwangerschaftskonfliktberatung in den 270 katholischen Beratungsstellen jährlich mindestens 4.000 ungeborene Kinder gerettet werden.[9] Im übrigen weiß die Moraltheologie auch darum, daß infolge der erbsündlichen Gebrochenheit menschliches Handeln in die sozialen Auswirkungen der Sünde verstrickt sein kann und daß Eindeutigkeit des Handelns und ein völliger Verzicht auf Mitwirkung am Bösen mitunter nur um den Preis des Nichthandelns – und damit um den Preis des Verzichts auf positive Einflußnahme – zu erreichen ist. Letzteres käme einer unterlassenen Hilfeleistung gleich.[10]

In der Schwangerschaftskonfliktberatung geht es ohne Zweifel um die Glaubwürdigkeit der Kirche bei ihrem Bemühen um den unbedingten Schutz des ungeborenen Lebens, aber eben auch darum, wie diese Glaubwürdigkeit unter den konkreten Bedingungen dieser Gesellschaft umgesetzt werden kann, wie in Not und Konflikt geratenen Frauen so geholfen wird, daß sie von sich aus Ja zum Leben des Ungeborenen sagen. Dieses Ja soll mit Hilfe der Beratung erreicht werden.[11] Freilich geschieht dies in einer Situation, in der sich die Frau auch gegen das Kind entscheiden kann. Gerade in einer solchen Situation ist oft in besonderer Weise eine christlich motivierte Beratung hilfreich, weil sie christlich begründete Zuwendung ist und von tiefen Wertvorstellungen geprägt wird, von einem christlichen Menschenbild und der Einmaligkeit jedes Menschen und seiner ureigenen, nicht delegierbaren Verantwortung für andere.[12]

Der rechtliche Rahmen, in dem diese Beratung in Deutschland stattfindet, ist durch das Verfassungsgericht und den Gesetzgeber vorgegeben und im Vergleich zu anderen Ländern einzigartig, wie auch der Papst feststellt. Die deutsche Regelung und Gesetzgebung in der Abtreibungsfrage ist, so schlecht sie auch sein mag, immer noch besser als die vergleichbaren Regelungen anderswo auf der Welt.[13]

Das gesetzliche Regelungsmodell

Um die Funktion des Beratungsscheines richtig einschätzen zu können, muß man wenigstens in groben Zügen das neue gesetzliche Regelungsmodell von 1995 vor Augen haben.[14] Danach wird die in § 218 für einen Schwangerschaftsabbruch normierte Freiheitsstrafe bis zu fünf Jahren, an deren Stelle auch eine Geldstrafe treten kann, in § 218 a Abs. 1 StGB für den Fall zurückgenommen, daß (1.) vorher eine Schwangerschaftskonfliktberatung gemäß § 219 stattgefunden hat, (2.) der Schwangerschaftsabbruch innerhalb der ersten zwölf Schwangerschaftswochen und (3.) durch einen Arzt erfolgt. Sind diese drei Bedingungen erfüllt, ist der Schwangerschaftsabbruch deshalb straffrei, weil er, so sieht es der Gesetzgeber, den Tatbestand des § 218 nicht erfüllt.

Die Schwangerschaftskonfliktberatung, die nur dann verpflichtend vorgeschrieben ist, wenn keine (medizinische oder kriminologische) Indikation geltend gemacht werden kann, wird in § 219 geregelt. Demnach soll die Beratung einen Schwangerschaftsabbruch vermeiden und bestehende Not- und Konfliktsituationen bewältigen helfen, indem sie zur Fortsetzung der Schwangerschaft ermutigt und Lebens- und Zukunftsperspektiven für Mutter und Kind eröffnet. Mit dieser im Gesetz ausdrücklich festgeschriebenen Zielsetzung ist die Schwangerschaftskonfliktberatung zweifelsohne ein wichtiges Instrument des Lebensschutzes. Über die erfolgte Beratung der Schwangeren, so sieht es das Gesetz vor, ist eine Bescheinigung auszufüllen.

Beratung ohne Schein ist ein Scheinangebot

Der Papst mißt nun dieser Bescheinigung eine »Schlüsselfunktion« zu,[15] und damit – so sehen es die meisten Kommentatoren – wird sie überbewertet. Andere, nicht der Papst, sprechen sogar von einer »Tötungslizenz«. Dieser Begriff ist aber nicht nur eine Falschdarstellung des gesetzlichen Beratungsauftrages und der Funktion des Beratungsnachweises, sondern auch eine Mißachtung des Beratungsauftrages. Mit der Bescheinigung wird (lediglich) eine erfolgte Beratung bestätigt, die vom gesetzlichen Auftrag und Bemühen der beratenden Person her ausdrücklich auf die Vermeidung eines Schwangerschaftsabbruches und somit auf den Erhalt des Lebens des Kindes gerichtet war. Die Bescheinigung bestätigt weder eine Notlage noch eine von der Schwangeren getroffene Entscheidung. Ein eventuell später erfolgender Schwangerschaftsabbruch wird weder gerechtfertigt noch gebilligt. Allerdings, und dies sieht der Papst deutlich, ist sie eine Voraussetzung (wenn auch nur eine unter mehreren) für die Straffreiheit des Abbruches.

Nun könnte man ja, wenn die Bescheinigung so viele Probleme bereitet, darauf verzichten. Dies geht aber deswegen nicht, weil der Staat über die Beratung seine Anwaltsfunktion für das ungeborene Leben zum Ausdruck bringt und der Schein eine Kontrollmaßnahme ist, daß die Frau der Pflichtberatung im Sinne des Lebensschutzes nachgekommen ist. Jede Schwächung des Beratungsnachweises schwächt auch die Funktion der Schwangerschaftskonfliktberatung. Auch würde die Kirche, wenn sie keinen Schein bzw. Beratungsnachweis ausstellt, jene Frauen mit ihren ungeborenen Kindern im Stich lassen, die sich bereits für eine Abtreibung entschieden haben oder ihr ambivalent gegenüber eingestellt sind. Solche Frauen werden kaum noch in kirchliche Beratungsstellen kommen, wenn sie wissen, daß sie dort keine Bescheinigung erhalten, falls sich auch nach der Beratung aus ihrer Sicht kein Weg abzeichnet, der das Kind und sie leben läßt. »Wer etwa meint, daß die kirchliche Beratung ohnehin weniger für die bereits zur Abtreibung entschlossenen Frauen dazusein habe, verkennt, daß ›Entschlossenheit zur Abtreibung‹ in einer schweren Konfliktlage ein meist labiles stimmungs- und situationsabhängiges Hin und Her ist, das oft unbewußt besonders nach Zuhörbereitschaft und Hilfe sucht, um doch noch einen Weg, einen Ausweg vermittelt zu erhalten, den die Mutter mit der Hilfe anderer gehen kann, um das Kind zu behalten.«[16] Es ist nachgewiesen, daß von jenen Frauen, die mit einer Option für die Abtreibung eine katholische Beratungsstelle aufgesucht haben, jede dritte ihre Absicht geändert hat.

Reaktionen

Der Inhalt des Papstbriefes ist bei den meisten Menschen auf Unverständnis gestoßen, insbesondere bei engagierten Christen. Man erinnere sich noch einmal: Nach der Wiedervereinigung mit der DDR lief in Deutschland alles auf eine reine Fristenregelung hinaus. Doch konnten engagierte Christen und christliche Politiker im letzten Augenblick noch auf den Gesetzgeber einwirken und wenigstens das Schlimmste verhindern. So wurde denn schließlich – gegen starke Widerstände – die geltende Regelung verabschiedet, nach der Frauen im Konflikt über Leben und Tod des Embryos sich vor ihrer Entscheidung gewissensbildend beraten lassen müssen. Durch Realitätssinn und die Zusammenarbeit der Kirche – über ihre Beratungsstellen – mit dem Staat kann hier erwiesenermaßen Leben gerettet werden, wie es sonst in den meisten Ländern kaum möglich ist.[17]

In der Bevölkerung war dann auch mehrheitlich die Meinung zu hören, die deutschen Bischöfe sollten in dieser Angelegenheit dem Papst nicht folgen und an dem bisherigen Beratungssystem, das sich bewährt habe, festhalten.[18] Die Bischöfe haben dann doch, allerdings nach einer längeren und äußerst schwierigen Diskussion, einstimmig der Bitte des Papstes entsprochen, die Beratung zwar fortzuführen, aber in absehbarer Zeit die staatlich geforderte Bescheinigung in der jetzigen Form nicht mehr auszustellen. Die Bischöfe konnten nicht anders, denn in einer »eindringlichen Bitte« des Papstes liegt auch eine gewisse Unerbittlichkeit.[19] Obwohl es sich bei der Schwangerschaftskonfliktberatung »um eine pastorale Frage« handelt, enthält sie, wie es im Brief heißt, auch »offenkundig lehrmäßige Implikationen«, und das bedeutet, auch wenn es so nicht im Brief steht, daß der Papst hier in höchster Autorität das letzte Wort für sich in Anspruch nehmen kann. Die Bischöfe mußten bei ihrer Entscheidung schließlich auch an die Einheit mit Rom und die Universalität der

Kirche denken, die seit ihren Anfängen schon immer ein hohes Gut der Kirche darstellen und auch heute für viele Menschen ein wesentlicher Aspekt für ihre Glaubwürdigkeit sind.

Diskussion berührt das Staat-Kirche-Verhältnis

Die Diskussion um den Papstbrief machte deutlich, daß die Mitwirkung der katholischen Kirche innerhalb des staatlichen Beratungssystems vielen Politikern – quer durch die Parteien – wichtig ist.[20] Aus den Stellungnahmen der Politiker ließ sich auch herauslesen, daß sich nach einem möglichen Ausstieg aus dem System der Konfliktberatung das Verhältnis zwischen Kirche und Staat empfindlich abkühlen könnte. Andere Stimmen gaben zu bedenken, daß bei einem Rückzug der Kirche aus der staatlichen Schwangerschaftskonfliktberatung sie als verläßlicher Partner des Staates auch in anderen Bereichen ausfallen würde, und dies sei ein weiterer Schritt auf dem Weg der Trennung von Kirche und Staat.[21] Daß der Papstbrief Wasser auf die Mühlen jener geleitet hat, die seit langem die Trennung verlangen und hoffen, mit einer rot-grünen Regierungskoalition komme man dieser einen Schritt näher, war in der Diskussion um das päpstliche Schreiben ebenfalls unüberhörbar. Und viele merken es bereits: In dem heiklen Feld der Zusammenarbeit zwischen Kirche und Staat bläst den Christen der Wind ins Gesicht. Von der Debatte um die Schulkreuze bis zu den Urteilen des Bundesverfassungsgerichtes über ein Kind als Schadenfall oder zum bayerischen Abtreibungsrecht zeigt sich, wie weit eine nicht-christliche Geisteshaltung auf dem Marsch durch die Institutionen bereits vorgedrungen ist. Die Kirche in Deutschland ist keine Staatskirche und der Staat kein Kirchenstaat. Beide bewahren ihre Autonomie, ohne jedoch völlig voneinander getrennt zu sein.

Im deutschen Staatskirchenrecht sind beide, Kirche und Staat, aufeinander angewiesen. Das mag bei oberflächlicher Betrachtung den Handlungsspielraum der Kirche einschränken. Es öffnet ihr aber auch den Zugang etwa zu Schulen, Universitäten, Krankenhäusern, Justizvollzugsanstalten, zur Bundeswehr und zur Schwangerschaftskonfliktberatung. Und andererseits profitiert der Staat in erheblichem Maße von der Kirche in ihrer Funktion als Glaubens-, Sinn- und Werteinstanz, aber auch von ihren Dienstleistungen, etwa im sozialen Bereich. Ohne kirchliches Engagement würde das soziale Netz in Deutschland sofort reißen, und es ist höchst fraglich, ob der Staat es wieder flicken könnte. Zwar mag eine Verflechtung von Kirche und Staat auch Probleme mit sich bringen, aber eine Trennung wäre die schlechtere Alternative. Man denke nur an das Wertevakuum und die religiöse Wüste, die in der ehemaligen DDR auch dadurch entstanden sind, daß die Kirche dort 50 Jahre hindurch an den äußeren Rand der Gesellschaft gedrängt wurde.

Ökumene nicht unberührt

In den Grundpositionen zum Lebensschutz gibt es zwischen evangelischer und katholischer Kirche schon lange einen Schulterschluß. Dies beweisen nicht zuletzt die gemeinsame Erklärung »Gott ist ein Freund des Lebens« (1989) und die alljährlich gemeinsam durchgeführte Aktion »Woche für das Leben«. In Detailfragen gibt es zwischen den beiden Kirchen Differenzen, so auch bei der Frage nach dem Stellenwert des Beratungsscheins. Im Hinblick auf den Papstbrief haben EKD-Repräsentanten auf eine Beunruhigung der ökumenischen Zusammenarbeit hingewiesen. Mit dem Papstbrief, so der Ratsvorsitzende der EKD, Präses Manfred Kock, trete »eine zentralistische Entscheidung in den Vordergrund«, die den »Handlungsspielraum der deutschen Bischöfe erheblich einenge«. »Aus der Perspektive der reformatorischen Kirche« sei dies »ein beunruhigender Vorgang«.[22] Ein Papstamt, so der EKD-Vizepräsident Hermann Barth, das per Anweisung den Handlungsspielraum der örtlichen Kirche derart einenge und nicht auf die Klugheit der Bischöfe vor Ort setze, sei mit dem reformatorischen Kirchenverständnis kaum vereinbar. Für manche ökumenischen Blütenträume, so seine Sorge, könnte dieses Vorgehen wieder Frost bedeuten.[23]

Vermutlich hatte der Papst diesen ökumenischen Aspekt bei der Abfassung seines Briefes nicht im Blick. So dürfte es im nachhinein aber auch aus ökumenischer Perspektive gut sein, daß der Papst in seinem Brief jede moralische Verurteilung der bisherigen Beratungspraxis vermieden hat. Denn davon hätten sich auch evangelische Christen, die sich bei der Schwangerschaftskonfliktberatung nicht minder dem Lebensschutz aus christlicher Verantwortung verpflichtet wissen, betroffen fühlen müssen.[24]

Keine flächendeckende Versorgung

In Deutschland gibt es insgesamt 1.685 Schwangerschaftskonfliktberatungsstellen, 1.293 in den alten und 392 in den neuen Bundesländern. 51 Prozent der Beratungsstellen befinden sich in freier Trägerschaft. Zu diesen Trägern gehören Deutscher Caritasverband, Sozialdienst katholischer Frauen, Diakonisches Werk der EKD, Arbeiterwohlfahrt, Deutscher Paritätischer Wohlfahrtsverband, Deutsches Rotes Kreuz und Pro familia. 31 Prozent dieser Beratungsstellen befinden sich in kirchlicher Trägerschaft, 270 in katholischer und 255 in evangelischer Hand. Der Gesetzgeber schreibt den einzelnen Bundesländern vor, daß pro 40.000 Einwohner mindestens eine Beraterin für die Schwangerschaftskonfliktberatung zur Verfügung stehen muß. Bei einem Ausstieg der katholischen Kirche wäre vor allem dort eine flächendeckende Versorgung gefährdet, wo sie schwerpunktmäßig das Netz der Beratungsstellen trägt. Das gilt etwa in Bayern, wo von den insgesamt 38 Stellen in freier Trägerschaft allein 24 von der Caritas und dem Sozialdienst katholischer Frauen (SkF) geführt werden. Ähnlich sieht es in Rheinland-Pfalz – wo Caritas und SkF 31 von 66 Beratungsstellen betreiben – oder in Nordrhein-Westfalen aus. Dort sind von 176 anerkannten Beratungsstellen 61 in katholischer Trägerschaft. In den neuen Bundesländern ist der Anteil katholischer Beratungsstellen eher gering. In Sachsen-Anhalt sind es beispielsweise drei, in Thüringen sechs und in Brandenburg vier Stellen.[25]

Auch eine Frage der Finanzierung?

Im Hinblick auf die Schwangerschaftskonfliktberatung muß zudem bedacht werden, daß staatliche Finanzierungshilfen in Frage stünden, würden die katholischen Beratungsstellen nicht mehr auf der gesetzlichen Grundlage – und dazu gehört die Ausstellung eines Scheins als Nachweis einer Beratung – ihrem Auftrag nachgehen. Die Finanzierung der Stellen in freier Trägerschaft ist in den einzelnen Bundesländern unterschiedlich geregelt. Während etwa die 113 Beratungsstellen in Bayern ihre Arbeit in der Regel aus Zuschüssen von Land, Kommunen und aus Eigenmitteln bestreiten, erhalten die baden-württembergischen Stellen generell pro Fachkraft 50.000 Mark. In Hessen wird pauschal für eine Beratung 150 Mark bezahlt. Insgesamt rund 7,8 Millionen Mark Zuwendungen vom Land erhielten 1997 die 55 Beratungsstellen in Sachsen-Anhalt. Geld gibt es generell nur für anerkannte Träger des gesetzlichen Systems.[26]

Wie könnte es weitergehen?

Was ist seit dem Brief geschehen? Und wie könnte es weitergehen? Bischof Lehmann hatte bereits bei der Vorstellung des Briefes betont, es komme nun darauf an, ohne Zeitdruck Wege zu finden, mit denen die katholischen Beratungsstellen unter den Vorgaben des Papstes im gesetzlichen System verbleiben können. Um solche Wege zu finden, haben die Bischöfe auf ihrer Frühjahrsvollversammlung 1998 eine Arbeitsgruppe eingesetzt, der außer den bischöflichen Mitgliedern Karl Lehmann (Mainz), Oskar Saier (Freiburg), Joachim Reinelt (Dresden-Meißen) und Josef Voß (Münster) sechs ständige Berater, drei ständige Gäste und eine zweiköpfige Geschäftsführung angehören.[27] Über das Ergebnis der Arbeitsgruppe und die weitere Vorgehensweise sollen die Bischöfe auf ihrer Frühjahrsvollversammlung vom 22.–25. Februar 1999 befinden.

Da die Arbeitsgruppe, die bis zum Jahresende sechsmal getagt hat, über ihre Tätigkeit strenge Vertraulichkeit vereinbart hat, kann über konkrete Überlegungen nur spekuliert werden. Dabei dürfte es für die Arbeitsgruppe naheliegend gewesen sein, an der Vorgabe des Papstes anzusetzen, die Beratungstätigkeit »einschließlich der Konfliktberatung« zu intensivieren, aber fortan »einen Schein solcher Art«[28] nicht mehr auszustellen. Diese Vorgabe ist interpretierbar. Wenn künftig »ein Schein solcher Art« nicht mehr ausgestellt werden soll, liegt die Lösung dann in einem Schein anderer Art? Oder wünscht der Papst etwa, daß künftig gar kein Schein mehr ausgestellt wird? Auf letzteres deutet eine Formulierung im Kommentar hin, wo es heißt, daß »der Papst nach gründlicher Abwägung aller Argumente zur Auffassung gekommen ist, daß die Bescheinigung in kirchlichen Beratungsstellen nicht ausgestellt werden soll«.

Fünf Modelle

Will man den Spagat aushalten zwischen der Bitte des Papstes, keinen »Schein solcher Art« mehr auszustellen, einerseits und dem Bestreben, in der staatlichen Beratung zu verbleiben, andererseits, bieten sich unterschiedliche Modelle an.[29]

- 1. Modell: An die Stelle der bisherigen Bescheinigung tritt ein an die schwangere Frau adressierter »*Beraterbrief*«[30] mit einer ausführlichen Darlegung des Beratungsvorgangs, wobei die kirchliche Beratungsstelle umfänglich ihre spezifische Sicht des Schwangerschaftskonflikts der betreffenden Frau darlegt und ihr Perspektiven und v.a. auch konkrete Hilfen für ein Leben mit dem Kind aufzeigt. Der Brief, der in einem persönlichen Ton verfaßt sein soll, muß dennoch alle vom Gesetz vorgeschriebenen Angaben enthalten, darüber hinaus muß ihm jede Form von Zweideutigkeit genommen sein, die der Papst beanstandet – allerdings war auch in der jetzigen Bescheinigung eine solche Zweideutigkeit nicht zu finden. In einer eventuellen Anlage zu dem Brief könnten für die Frau als Erinnerungshilfe noch einmal der Beratungsprozeß und die umfänglichen Hilfsmaßnahmen spezifiziert festgehalten werden. Unter datenschutzrechtlichen Aspekten scheint es geraten, der beratenen Frau den Brief und die Anlage persönlich auszuhändigen. Bei einem Versand auf dem Postweg könnte der Brief von Unbefugten geöffnet werden, so daß die vom Gesetzgeber geforderte Anonymität nicht mehr gewährleistet wäre.

- 2. Modell: In einer »*Bestätigung*« in Schriftform bestätigt die schwangere Frau mit ihrer Unterschrift, daß sie in der katholischen Beratungsstelle nach § 219 StGB beraten wurde. Die Richtigkeit der Unterschrift der Frau wird durch Gegenzeichnung der Beratungsstelle dokumentiert. Durch die persönliche Unterschrift wird der betroffenen Frau die Eigenverantwortung für ihre Entscheidung noch einmal deutlich. Auch hier könnte eine Anlage wie in Modell 1 beigefügt werden.

- 3. Modell: In einer »*Erklärung*« gibt die schwangere Frau gegenüber dem abtreibenden Arzt bekannt, daß sie in der katholischen Beratungsstelle nach § 219 StGB beraten wurde. In Zweifelsfällen müßte der Arzt dann bei der jeweiligen Beratungsstelle nachfragen, wobei es allerdings nicht nur Schwierigkeiten bezüglich der Anonymität der Beratung, sondern auch mit dem Datenschutz (z.B. Überprüfbarkeit des Anrufers, Schweigepflicht der Beraterin) geben dürfte. Dieses Modell würde zudem nicht den gesetzlichen Vorgaben entsprechen, wonach eine Bescheinigung mit dem Datum des letzten Beratungsgesprächs verlangt wird.

- 4. Modell: Die Schwangerschaftskonfliktberatung erfolgt durch die katholische Beratungsstelle, aber eine andere Stelle (z.B. das Gesundheitsamt) stellt darüber eine Bescheinigung aus. – Dieses Modell ist unredlich, weil hier ein anderer für eine Tätigkeit in Dienst genommen wird, wofür die Kirche sich aus moralischen Gründen außerstande sieht. Darüber hinaus entspricht dieses Modell auch nicht den gesetzlichen Vorgaben.

- 5. Modell: Die kirchlichen Beratungsstellen bleiben in der Schwangerschaftskonfliktberatung präsent, stellen aber keine Beratungsbescheinigung aus. Bei diesem Modell erreicht die Kirche all jene Frauen nicht, die in ihrer Einstellung zum Schwangerschaftsabbruch unsicher sind. Denn diese wollen sich die Möglichkeit, einen Beratungsschein zu erhalten, offenhalten und dafür nicht eine zweite Beratungsstelle aufsuchen müssen. Selbst bei der Gruppe von Frauen, die angeblich zu einem Abbruch entschlossen sind, entscheiden sich erfahrungsgemäß und statistisch nachgewiesen nicht wenige Frauen nach einem Beratungsgespräch für die Fortsetzung der Schwangerschaft.

Von den hier andiskutierten fünf Modellen, die lediglich Denkanstöße darstellen, sind aus rechtlichen und Praxis-Überlegungen heraus nur die beiden ersten durchführbar und erfolgversprechend. Die potentielle Kausalität von Beratungsbescheinigung und Abtreibung, wie sie mit der bislang praktizierten Bescheinigung gegeben war, läge jedenfalls bei den Modellen 1 und 2 nicht in dem gleichen Maße vor. Wie auch immer das künftige Lösungsmodell aussehen mag, es darf gemäß der päpstlichen Vorgabe und im Interesse aller Beteiligten nicht zweideutig sein und muß vom Staat gebilligt werden. Dennoch bleibt die Frage, ob sich die Kritiker der katholischen Schwangerschaftskonfliktberatung mit solchen Alternativen zufrieden geben und ob das eigentliche Problem nicht doch auf einer anderen Ebene liegt.

Alternativen für den Fall des Ausstiegs?

Die Folgen eines eventuellen Ausstiegs der katholischen Kirche aus der gesetzlichen Schwangerschaftskonfliktberatung sind kaum abschätzbar und bislang auch nicht annähernd bedacht. Letztes ist nachvollziehbar, insofern man den möglichen Ernstfall nicht antizipieren möchte. So ist es auch verständlich, daß Alternativen nicht aus dem Raum der Amtskirche kommen. Zwei solcher Alternativen wurden im Sommer 1998 bekannt. Da ist zunächst die Absicht des *Deutschen Ordens* zu nennen, im Falle des Rückzugs der katholischen Kirche deren Schwangerenberatungsstellen samt den bewährten Fachkräften der Caritas und des Sozialdienstes katholischer Frauen zu übernehmen und die Beratung wie bisher – also mit Schein – fortzuführen.[31] Eine weitere Initiative geht von katholischen Frauen aus, die am 14. August 1998 einen bundesweiten *Verein »Frauenwürde«* gründeten.[32] Der Verein, der von der Kirchenvolks-Bewegung unterstützt wird, möchte als möglicher Träger für die Konfliktberatung auf gesetzlicher Basis zur Verfügung stehen, wenn die Kirche ihre Beratungstätigkeit auf der bisherigen gesetzlichen Grundlage nicht mehr fortführen würde. Darüber hinaus will der Verein die Öffentlichkeit über die Situation der schwangeren Frauen informieren, Hilfsmaßnahmen unterstützen, politische Forderungen und gesetzliche Verbesserungen für Frauen, Kinder und Familien entwickeln und durchsetzen.

Die hier vorgestellten Alternativen müssen sich zunächst einmal der Frage nach der Finanzierbarkeit und organisatorischen Durchführbarkeit der Beratungsarbeit stellen und dabei zeigen, daß die Beratungsqualität unter den dann veränderten Bedingungen nicht leiden würde. Die anerkannte optimale Beratungstätigkeit der beiden großen Träger (Deutscher Caritasverband und Sozialdienst katholischer Frauen) ist nicht einfachhin auswechsel- und kopierbar. Zusätzlich zur Beratungsarbeit können die beiden Träger auch die flankierende Hilfe ihrer Fachdienste und übrigen sozialen Einrichtungen nutzen und so der Frau weitere Hilfsmöglichkeiten gewähren. Auch wäre zu überprüfen, inwieweit solche alternativen Pläne mit den rechtlichen Grundlagen der Beratung im staatlichen System vereinbar sind (Spitzenverbandszugehörigkeit, Fachaufsicht, Qualifizierung und Fortbildung der Beraterinnen). Die Übernahme der katholischen Beratungsdienste durch den Deutschen Orden dürfte nicht nur die Struktur der kirchlichen Sozialdienste ins Wanken bringen, sondern auch das Veto der Deutschen Bischofskonferenz herausfordern. Private katholische Beratungsvereine tragen eher zur Spaltung als zur Einheit der Kirche bei.[33]

Erneutes Gespräch

Einen gangbaren Weg zu suchen, wie ihn Johannes Paul II. erbittet, das ist die Kirche in Deutschland dem Papst schuldig. Und zwischenzeitlich ist vieles in dieser Richtung geschehen, was aus verständlichen Gründen nicht öffentlich wurde. Daß dabei der von den Bischöfen eingesetzten Arbeitsgruppe die »Quadratur des Kreises« (Franz Kamphaus) gelungen ist, bleibt zu wünschen. Die neuen Modelle, die die Bischofskonferenz dem Papst vorlegen wird, müssen besser als das jetzige sein, was nicht leicht zu erreichen sein wird. Sie müssen zum einen orientiert sein an einem optimalen Lebensschutz und dürfen zum anderen die Frau in ihrer ernsten Konfliktlage nicht abschrecken oder alleinlassen. Darüber hinaus muß, was die Art der Beratungsnachweise anbelangt, jegliche Zweideutigkeit und jeglicher Kompromiß bezüglich des kirchlichen Lebensschutzes vermieden und zudem noch den gesetzlichen Vorgaben zur Beratung Genüge getan werden.

Man darf darauf vertrauen, daß der Papst den deutschen Bischöfen, wenn sie im Frühjahr erneut in ein Gespräch mit ihm eintreten und ihm ihre Ergebnisse vorstellen, wiederum in brüderlicher Atmosphäre begegnet und daß man »im Miteinander-Reden und Aufeinander-Hören« dann »eine gemeinsame Lösung« (Kommentar zum Papstbrief) findet. Für die katholische Kirche bleibt zu hoffen, daß – wie der Vorsitzende der Deutschen Bischofskonferenz, der Mainzer Bischof Karl Lehmann, formulierte – die »Auseinandersetzung um den rechten Weg ein Zeichen unserer Stärke, nicht unserer Schwäche« ist, und daß sie in der kirchlichen und politischen Öffentlichkeit auch als solche wahrgenommen wird.

1 Vgl. dazu H.-Th. Rauschen, Das Beratungskonzept nach dem Schwangeren- und Familienhilfegesetz (in diesem Band); zur geschichtlichen Entwicklung vgl. J. Reiter / R. Keller (Hrsg.), Herausforderung Schwangerschaftsabbruch, Freiburg 1992; dies. (Hrsg.), § 218. Urteil und Urteilsbildung, Freiburg 1993.

2 Zum Brief und seiner Problematik vgl. insbesondere die sehr differenzierte Einführung von K. Lehmann in diesem Band; vgl. ferner J. Reiter, Ausweg aus der Beratungsfalle?, in: Ethik in der Medizin 10 (1998) Nr. 1, 1–4; K. Nientiedt, Nach dem Papstbrief, in: Herder-Korrespondenz 52 (1998) 109–111; W. Bayerlein, Der Brief aus Rom zur Schwangerenkonfliktberatung, in: Anzeiger für die Seelsorge 107 (1998) Nr. 4, 150–154.

[3] Wiederholt und zu Recht hat der Papst in seinem Pontifikat die Abtreibung thematisiert, vgl. etwa nur: Apostolisches Schreiben »Familiaris consortio« Nr. 30, »Charta der Familienrechte« Art. 4, Katechismus der Katholischen Kirche Nr. 2270–2273, Enzyklika »Evangelium vitae« Nr. 13, 58 f., 62, 99; vgl. auch die Instruktion der Kongregation für die Glaubenslehre »Donum vitae«. Die Diskussion um die Abtreibung darf schon deshalb nicht eingestellt werden, weil hier Grundlegendes von dem betroffen ist, was Recht und Unrecht für den Menschen bedeuten: das Recht auf Leben und das Unrecht, es zu beenden. Es läßt sich auch mit beschönigenden Worten nicht leugnen, daß dies das eigentliche Thema ist. Sein Gewicht kann durch noch so lange Debatten nicht verringert, die darin enthaltene Konfliktmasse nicht verkleinert werden. Welche Bedeutung menschliches Leben für die Gesellschaft hat, ist gefragt, und zwar auch oder gerade da, wo es – selbst ohnmächtig – unserer Obhut bedarf. Die Frage, was hier rechtens sei, darf die Gesellschaft nicht loslassen.

[4] Vgl. dazu den Punkt IV, 4 in dem Beitrag von K. Lehmann in diesem Band.

[5] Vgl. J. Röser, Gewissen – mit Zweifel, in: Christ in der Gegenwart 50 (1998) Nr. 6, 41.

[6] Vgl. H. Maier, Rom und die Deutschen, in: Rheinischer Merkur Nr. 5 vom 30. Januar 1998. Der Papst spricht in seinem Brief allerdings davon, daß er die Argumente beider Seiten kennt (Nr.8). Vgl. auch H.-J. Fischer, Fast grundlose Spekulationen, in: FAZ vom 9. Februar 1998.

[7] Vgl. Punkt I in dem Beitrag von K. Lehmann in diesem Band.

[8] Vgl. dazu die Chronologie am Ende des Bandes.

[9] Vgl. dazu den Beitrag von A. Maier in diesem Band.

[10] Vgl. J. Reiter, Schwangerschaftskonfliktberatung – Mitwirkung der Kirche, in: Caritas 91 (1990) 507–524; ders., Was soll und kann Schwangerschaftskonfliktberatung leisten?, in: ALfA-Rundbrief o. Jg. (1991) Nr. 26, 17–19; ders., Darf die Kirche mitmachen? Schwangerschaftsberatung bei neuem Abtreibungsrecht, in: Caritas 93 (1992) 4–8; ders., Das Lebensrecht des Ungeborenen und die Grundrechte der Schwangeren, in: ders. / R. Keller (Hrsg.), Herausforderung Schwangerschaftsabbruch, Freiburg 1992, 70–93, hier 89–93; ders., Ethische Aspekte zum Urteil des Bundesverfassungsgerichts vom 28. Mai 1993 zum § 218 StGB, in: ders. / R. Keller (Hrsg.), § 218. Urteil und Urteilsbildung, Freiburg 1993, 251–270, hier 263–267.

11 Vgl. S. Demel, Frauenfeindliche Bevormundung oder Freigabeschein zum Töten?, in: Stimmen der Zeit 215 (1997) 87–103.

12 Vgl. W. Bayerlein, Der Brief aus Rom zur Schwangerenkonfliktberatung, in: Anzeiger für die Seelsorge 107 (1998) Nr. 4, 150–154, hier 153.

13 Vgl. J. Röser, Falscher Rat mit richtigen Fragen, in: Christ in der Gegenwart 50 (1998) Nr. 7, 51 f., hier 52.

14 Vgl. dazu ausführlich H.-Th. Rauschen (in diesem Band); ferner S. Demel, Abtreibung zwischen Straffreiheit und Exkommunikation, Stuttgart – Berlin – Köln 1995.

15 Vgl. dazu den Punkt III, 1 in dem Beitrag von K. Lehmann in diesem Band.

16 W. Bayerlein, Der Brief aus Rom zur Schwangerenkonfliktberatung, in: Anzeiger für die Seelsorge 107 (1998) Nr. 4, 150–154, hier 152 f.

17 Vgl. J. Röser, Falscher Rat mit richtigen Fragen, in: Christ in der Gegenwart 50 (1998) Nr. 7, 51 f., hier 52.

18 Dies war der gemeinsame Tenor der ausgewerteten Medien.

19 Vgl. dazu Punkt III, 2 in dem Beitrag von K. Lehmann in diesem Band.

20 Bundespräsident Roman Herzog äußerte sich bei einem Festakt in der Frankfurter Paulskirche am 11. Juni 1998 wie folgt: Gerade weil die grundsätzliche Position der Kirche so klar und gleichzeitig für sie so unverzichtbar ist, wünsche ich mir – und zwar auch hier nicht nur als Person, sondern als Bundespräsident –, daß sie ihrer wertvollen Aufgabe innerhalb des staatlichen Beratungssystems weiterhin nachgehen kann.

21 Zu dieser Problematik vgl. ebenfalls in dem Beitrag von K. Lehmann in diesem Band den Punkt IV, 7.

22 Vgl. die in diesem Band abgedruckte Stellungnahme.

23 Zitiert nach R. Clos, Brisante Botschaft aus Rom – Papstbrief zur Schwangerenberatung läßt Politik und Ökumene nicht unberührt, in: epd ZA Nr. 19 vom 28. Januar 1998; vgl. zudem H. Barth, Lebensschutz. Eine evangelische Stellungnahme zum Schreiben von Papst Johannes Paul II. Das Problem bleibt, in: Rheinischer Merkur Nr. 8 vom 20. Februar 1998; ferner A. Freiherr v. Campenhausen, Der Brief aus Rom beunruhigt Protestanten, in: Rheinischer Merkur Nr. 7 vom 13. Februar 1998; aber auch E. Henze, Nicht die Denkweise dieser Welt, in: Lutherische Monatshefte 37 (1998) Nr. 6, 19–21.

24 Vgl. W. Bayerlein, Der Brief aus Rom zur Schwangerenkonfliktberatung, in: Anzeiger für die Seelsorge 107 (1998) Nr. 4, 150–154, hier 154.

[25] Vgl. Katholische Nachrichten-Agentur: Stichwort 9 vom 23. Januar 1998; vgl. auch die entsprechende Tabelle in dem Beitrag von A. Maier in diesem Band.

[26] Vgl. Katholische Nachrichten-Agentur: Stichwort 9 vom 23. Januar 1998.

[27] Zu ständigen Beratern wurden ernannt der Kölner Generalvikar Norbert Feldhoff, der auch einer der Vizepräsidenten des Deutschen Caritasverbandes ist, der frühere Richter am Bundesverfassungsgericht Ernst-Wolfgang Böckenförde, der Bochumer Verwaltungsrechtler Peter Tettinger, die Generalsekretärin des Sozialdienstes katholischer Frauen (SkF), Annelie Windheuser, Anna-Elisabeth Thieser von der Würzburger SkF-Schwangerenkonfliktberatung und die Vorsitzende der Caritas-Konferenzen Deutschlands (CKD), Elisabeth Freifrau von Lüninck. Zu ständigen Gästen der Arbeitsgruppe wurden berufen die frühere Präsidentin des Zentralkomitees der deutschen Katholiken (ZdK), Rita Waschbüsch, der Leiter des Kommissariats der deutschen Bischöfe, Paul Bocklet, sowie der Leiter des Katholischen Büros in Bayern, Valentin Doering. Die Geschäftsführung des Gremiums liegt bei Hans Langendörfer, dem Sekretär der Deutschen Bischofskonferenz, und Heinz-Theo Rauschen vom Katholischen Büro Bonn.

[28] Vgl. dazu auch Punkt III, 2 in dem Beitrag von K. Lehmann in diesem Band.

[29] Vgl. dazu auch den Beitrag von P. Knauer in diesem Band, der am Ende seines Beitrages auch einen alternativen Bescheinigungstext vorstellt.

[30] Vgl. dazu auch das Interview mit E. Schockenhoff in diesem Band.

[31] Vgl. Focus Nr. 28 vom 6. Juli 1998, 32.

[32] Vgl. Publik-Forum Nr. 13 vom 10. Juli 1998, 34, und Nr. 18 vom 25. September 1998, 26.

[33] Vgl. Punkt III, 2 in dem Beitrag von K. Lehmann in diesem Band, in dem er darauf hinweist, daß der Papst nicht nur die Beratungsstellen in kirchlicher Trägerschaft im Blick hat, sondern wohl auch jene, die das Prädikat kirchlich oder katholisch beanspruchen. Gemeint sind damit solche, die in Form von Vereinen, Stiftungen usw. von katholischen Laien verantwortet werden. Auch diese würden denselben Anforderungen unterliegen wie die kirchlichen Beratungsstellen.

II. *Dokumente*

Papst Johannes Paul II.

Evangelium vom Leben: Bekenntnis – Hilfeleistung – Zuwendung *

[Der Brief an die deutschen Bischöfe im Wortlaut]

Den verehrten Brüdern im Bischofsamt in Deutschland Gruß und Apostolischen Segen

1. Am 27. Mai 1997 haben wir entsprechend der Bitte von Herrn Bischof Karl Lehmann, dem Vorsitzenden Eurer Bischofskonferenz, miteinander die Fragen über die rechte Zuordnung der katholischen Schwangerschaftsberatungsstellen zur staatlich geregelten Beratung gemäß dem Schwangeren- und Familienhilfeänderungsgesetz vom 21. August 1995 besprochen und vertieft. Noch einmal danke ich Euch für diese Begegnung, in der Ihr Euer lebendiges Verantwortungsbewußtsein gegenüber dem Evangelium des Lebens sowie Eure Bereitschaft, in Einheit mit dem Nachfolger Petri die richtige Entscheidung zu finden, zum Ausdruck gebracht habt.

In den seither vergangenen Monaten habe ich die verschiedenen Gesichtspunkte der Frage erneut studiert, mich weiter über sie beraten und das Problem im Gebet vor den Herrn getragen. So möchte ich heute, wie am Ende der Gespräche angekündigt, die erzielten Ergebnisse noch einmal zusammenfassen und gemäß meiner Verantwortung als oberster Hirte der Kirche einige Richtlinien für das künftige Verhalten in den umstrittenen Punkten geben.

2. Eure Bischofskonferenz setzt sich seit Jahrzehnten in unmißverständlicher Weise ein, um die Botschaft von der unantastbaren Würde des menschlichen Lebens in Wort und Tat zu bezeu-

gen. Denn obgleich das Recht auf Leben in der Verfassung Eures geschätzten Landes eine klare Anerkennung findet, hat der Gesetzgeber die Tötung ungeborener Kinder dennoch in bestimmten Fällen legalisiert, in anderen Fällen für straffrei erklärt, auch wenn dabei der Charakter der Unrechtmäßigkeit gewahrt bleibt. Eure Bischofskonferenz hat sich zu Recht mit dem früheren und dem jetzt geltenden Abtreibungsgesetz nicht abgefunden, sondern freimütig und unerschrocken gegen die Abtreibung Stellung genommen. In vielen Ansprachen, Erklärungen, ökumenischen Initiativen und anderen Beiträgen, unter denen besonders das Hirtenwort *Menschenwürde und Menschenrechte von allem Anfang an* vom 26. September 1996 zu erwähnen ist, habt Ihr den Wert des menschlichen Lebens von der Empfängnis an verkündet und verteidigt.

Im Kampf um das ungeborene Leben muß sich die Kirche in unseren Tagen immer mehr von der sie umgebenden Umwelt unterscheiden. Sie hat dies von ihren Anfängen an getan (vgl. *Brief an Diognet* 5.1–6.2) und tut es bis heute. »Bei der Verkündigung dieses Evangeliums dürfen wir nicht Feindseligkeit und Unpopularität fürchten, wenn wir jeden Kompromiß und jede Zweideutigkeit ablehnen, die uns der Denkweise dieser Welt angleichen würde (vgl. *Röm* 12,2). Wir sollen in der Welt, aber nicht von der Welt sein (vgl. *Joh* 15,19; 17,16) mit der Kraft, die uns von Christus kommt, der durch seinen Tod und seine Auferstehung die Welt besiegt hat (vgl. *Joh* 16,33)« (*Evangelium vitae,* Nr. 82). Durch Eure vielfältigen Bemühungen im Dienst am Leben habt ihr diese Worte in die Tat umgesetzt und dazu beigetragen, daß die Haltung der Kirche zur Frage des Lebensschutzes den Bürgern Eures Landes von Kindesbeinen an vertraut ist. Ich möchte Euch aus ganzem Herzen meine Wertschätzung und meine volle Anerkennung für diesen unermüdlichen Einsatz aussprechen. Ebenso danke ich allen, die in der Öffentlichkeit das Lebensrecht eines jeden Menschen verteidigen. Besondere Erwähnung verdienen dabei die Politiker, die sich in

Vergangenheit und Gegenwart nicht scheuen, die Stimme für das Leben der ungeborenen Kinder zu erheben.

3. Neben einigen positiven Aussagen über den Lebensschutz und über die Notwendigkeit der Beratung sieht das Gesetz vom 21. August 1995 vor, daß die Abtreibung bei Vorliegen einer sehr vage umschriebenen »medizinischen Indikation« bis zur Geburt rechtmäßig ist. Diese Bestimmung habt ihr zu Recht heftig kritisiert. Ebenso ist die Legalisierung der Abtreibung bei Vorliegen einer »kriminologischen Indikation« für gläubige Christen und für alle Menschen mit wachem Gewissen völlig unannehmbar. Ich bitte Euch, weiterhin alle möglichen Schritte zur Änderung dieser gesetzlichen Verfügungen zu unternehmen.

4. Nun wende ich mich den neuen Gesetzesbestimmungen über die Beratung der schwangeren Frauen in Not zu, weil diese bekanntlich für die kirchliche Sendung im Dienst am Leben und für das Verhältnis von Kirche und Staat in Eurem Land von erheblicher Bedeutung sind. Aufgrund meiner Besorgnis über die neuen Bestimmungen fühlte ich mich verpflichtet, am 21. September 1995 in einem persönlichen Brief einige Grundsätze in Erinnerung zu rufen, die in dieser Sache sehr wichtig sind. Ich lenkte Eure Aufmerksamkeit unter anderem darauf, daß die positive gesetzliche Definition der Beratung im Sinn des Lebensschutzes durch gewisse zweideutige Formulierungen abgeschwächt wird und daß die von den Beraterinnen auszustellende Beratungsbescheinigung nunmehr einen anderen juristischen Stellenwert hat als in der vorigen gesetzlichen Regelung. Ich ersuchte Euch, die kirchliche Beratungstätigkeit neu zu definieren und dabei darauf zu achten, daß die Freiheit der Kirche nicht beeinträchtigt wird und kirchliche Einrichtungen nicht für die Tötung unschuldiger Kinder mitverantwortlich gemacht werden können.

In den *Vorläufigen Bischöflichen Richtlinien* habt ihr das Ziel der kirchlichen Beratung gegenüber dem Gesetz weiter im Sinn des unbedingten Lebensschutzes präzisiert. Durch diese und andere Maßnahmen habt Ihr den kirchlichen Beratungsstellen ein deutliches eigenes Profil gegeben. Im Ringen um die staatliche Anerkennung der *Vorläufigen Bischöflichen Richtlinien* in den einzelnen Ländern ist die eigenständige Position der Kirche in der Frage weiter zutage getreten.

5. Umstritten blieb die Problematik der Beratungsbescheinigung, die gewiß nicht aus dem Beratungskonzept herausgelöst werden kann, aber sorgsam gemäß ihrer objektiven rechtlichen Bedeutung zu bewerten ist. In der *Ansprache vom 22. Juni 1996* während meiner Pastoralreise in Deutschland stellte ich fest: »Von unserem Glauben her ist klar, daß von kirchlichen Institutionen nichts getan werden darf, was in irgendeiner Form der Rechtfertigung der Abtreibung dienen kann.«

Um in der Frage des Beratungsscheines eine Lösung zu finden, kam es – in Fortführung einer ersten Unterredung am 5. Dezember 1995 – am 4. April 1997 zu einem zweiten Gespräch zwischen einer Delegation Eurer Bischofskonferenz und Vertretern der Kongregation für die Glaubenslehre, bei dem trotz einer grundlegenden Einmütigkeit in der Lehre der Kirche zum Lebensschutz und in der Verurteilung der Abtreibung wie auch in der Notwendigkeit einer umfassenden Beratung schwangerer Frauen in Not die strittige Frage der Beratungsbescheinigung nicht endgültig gelöst werden konnte. Während der Begegnung am 27. Mai 1997 wurden alle zu berücksichtigenden Elemente noch einmal in einer brüderlichen Atmosphäre freimütig und offen vorgetragen.

In meinem Auftrag, die Brüder zu stärken (vgl. *Lk* 22,32), richte ich mich nun wiederum an Euch, liebe Mitbrüder. Es geht nämlich um eine pastorale Frage mit offenkundigen lehrmäßigen Implikationen, die für die Kirche und für die Gesellschaft in Deutschland und weit darüber hinaus von Bedeutung ist. Auch wenn die gesetzliche Situation in Eurem Land einzigartig ist, so betrifft das Problem, wie wir das Evangelium des Lebens in der pluralistischen Welt von heute wirksam und glaubwürdig verkünden, doch die Kirche insgesamt. Der Auftrag, das Leben in allen seinen Phasen zu schützen, läßt keine Abstriche zu. Daraus folgt, daß die Botschaft und die Handlungsweise der Kirche in der Frage der Abtreibung in ihrem wesentlichen Gehalt in allen Ländern dieselben sein müssen.

6. Ihr legt großen Wert darauf, daß die katholischen Beratungsstellen in der Schwangerenberatung öffentlich präsent bleiben, um durch eine zielorientierte Beratung viele ungeborene Kinder vor der Tötung zu retten und den Frauen in schwierigen Lebenssituationen mit allen zur Verfügung stehenden Mitteln zur Seite zu stehen. Ihr unterstreicht, daß die Kirche in dieser Frage – um der ungeborenen Kinder willen – die vom Staat eröffneten Spielräume zugunsten des Lebens und der Beratung so weit wie möglich nützen muß und nicht die Verantwortung auf sich nehmen kann, mögliche Hilfeleistungen unterlassen zu haben. Ich unterstütze Euch in diesem Anliegen und hoffe sehr, daß die kirchliche Beratung kraftvoll weitergeführt werden kann. Die Qualität dieser Beratung, die sowohl den Wert des ungeborenen Lebens wie auch die Schwierigkeiten der schwangeren Frau ganz ernst nimmt und eine Lösung auf der Basis von Wahrheit und Liebe anstrebt, wird die Gewissen vieler Ratsuchender anrühren und für die Gesellschaft ein mahnender Aufruf sein.

Ich möchte in diesem Zusammenhang den Einsatz der katholischen Beraterinnen der Caritas und des Sozialdienstes katholischer Frauen sowie einiger anderer Beratungsstellen ausdrücklich hervorheben. Ich kenne den guten Willen der Beraterinnen und weiß um ihre Mühen und Sorgen. Ich möchte ihnen aufrichtig für ihr Engagement danken und sie bitten, weiterhin für jene zu kämpfen, die keine Stimme haben und ihr Lebensrecht noch nicht selber verteidigen können.

7. Was nun die Frage der Beratungsbescheinigung betrifft, möchte ich wiederholen, was ich Euch schon im *Brief* vom 21. September 1995 geschrieben habe: »Sie bestätigt, daß eine Beratung stattgefunden hat, ist aber zugleich ein notwendiges Dokument für die straffreie Abtreibung in den ersten 12 Wochen der Schwangerschaft.« Ihr selber habt diese widersprüchliche Bedeutung des Beratungsscheines, die im Gesetz verankert ist, mehrmals als »Dilemma« bezeichnet. Das »Dilemma« besteht darin, daß die Bescheinigung die Beratung zugunsten des Lebensschutzes bestätigt, aber zugleich die notwendige Bedingung für die straffreie Durchführung der Abtreibung bleibt, auch wenn sie gewiß nicht deren entscheidende Ursache ist.

Der positive Text, den Ihr dem von katholischen Stellen ausgestellten Beratungsschein gegeben habt, kann diese widersprüchliche Spannung nicht grundsätzlich beheben. Die Frau kann den Schein aufgrund der gesetzlichen Bestimmungen dazu gebrauchen, um nach einer dreitägigen Frist ihr Kind straffrei und in öffentlichen Einrichtungen und zum Teil auch mit öffentlichen Mitteln abtreiben lassen. Es ist nicht zu übersehen, daß der gesetzlich geforderte Beratungsschein, der gewiß zuerst die Pflichtberatung sicherstellen will, faktisch eine Schlüsselstellung für die Durchführung straffreier Abtreibungen erhalten hat. Die katholischen Beraterinnen und die Kirche, in deren Auftrag die Beraterinnen in vielen Fällen handeln, geraten dadurch in eine Situation, die mit ihrer Grundauffassung in der Frage des Lebensschutzes und dem Ziel ihrer Beratung in Konflikt steht. Gegen ihre Absicht werden sie in den Vollzug eines Gesetzes verwickelt, der zur Tötung unschuldiger Menschen führt und vielen zum Ärgernis gereicht.

Nach gründlicher Abwägung aller Argumente kann ich mich der Auffassung nicht entziehen, daß hier eine Zweideutigkeit besteht, welche die Klarheit und Entschiedenheit des Zeugnisses der Kirche und ihrer Beratungsstellen verdunkelt. Deshalb möchte ich Euch, liebe Brüder, eindringlich bitten, Wege zu finden, daß ein Schein solcher Art in den kirchlichen oder der Kirche zugeordneten Beratungsstellen nicht mehr ausgestellt wird. Ich ersuche Euch aber, dies auf jeden Fall so zu tun, daß die Kirche auf wirksame Weise in der Beratung der hilfesuchenden Frauen präsent bleibt.

8. Verehrte Mitbrüder! Ich weiß, daß die Bitte, die ich an Euch richte, ein nicht leichtes Problem anrührt. Schon seit langem und verstärkt seit der Begegnung vom 27. Mai 1997 ist von vielen Seiten, auch von Menschen, die sich für die Kirche und in der Kirche einsetzen, nachdrücklich vor einem solchen Entscheid gewarnt worden, der die Frauen in Konfliktsituationen ohne den Beistand der Glaubensgemeinschaft lasse. Ebenso nachdrücklich ist freilich auch von gläubigen Menschen aller Schichten und Stände angemahnt worden, daß der Schein die Kirche in die Tötung unschuldiger Kinder verwickelt und ihren unbedingten Widerspruch gegen die Abtreibung weniger glaubwürdig macht.

Ich habe beide Stimmen sehr ernst genommen und respektiere die leidenschaftliche Suche nach dem rechten Weg der Kirche in dieser wichtigen Sache auf beiden Seiten, fühle mich aber um der Würde des Lebens willen gedrängt, die oben dargelegte Bitte an Euch zu richten. Zugleich anerkenne ich, daß die Kirche sich ihrer öffentlichen Verantwortung nicht entziehen kann, am allerwenigsten da, wo es um das Leben und die Würde des Menschen geht, den Gott geschaffen und für den Christus gelitten hat. Das Schwangeren- und Familienhilfeänderungsgesetz bietet viele

Möglichkeiten, um in der Beratung präsent zu bleiben; die Präsenz der Kirche darf letztlich nicht vom Angebot des Scheins abhängen. Nicht nur der Zwang einer gesetzlichen Vorschrift darf es sein, der die Frauen zu den kirchlichen Beratungsstellen führt, sondern vor allem die sachliche Kompetenz, die menschliche Zuwendung und die Bereitschaft zu konkreter Hilfe, die darin anzutreffen sind. Ich vertraue darauf, daß Ihr mit den vielfältigen Möglichkeiten Eurer Institutionen und Eurer Organisationen, mit dem reichen Potential an intellektuellen Kräften wie an Innovationsfähigkeit und Kreativität Wege finden werdet, die Präsenz der Kirche in der Beratung nicht nur nicht vermindern zu lassen, sondern noch zu verstärken. Ich bin davon überzeugt, daß Ihr in der geistigen Auseinandersetzung, die in der Gesellschaft Eures Landes bereits stattfindet und die nun folgen wird, alle Eure Kräfte mobilisieren könnt, um den Weg der Kirche nach innen und nach außen verständlich zu machen, so daß er auch dort wenigstens Respekt findet, wo man nicht glaubt, ihn billigen zu können.

Daß die Kirche den Weg des Gesetzgebers in einem konkreten Punkt nicht mitgehen kann, wird ein Zeichen sein, das gerade im Widerspruch zur Schärfung des öffentlichen Gewissens beiträgt und damit letztlich auch dem Wohl des Staates dient: »Das Evangelium vom Leben ist nicht ausschließlich für die Gläubigen da: es ist für alle da... Unser Handeln als ›Volk des Lebens und für das Leben‹ verlangt daher, richtig ausgelegt und mit Sympathie aufgenommen zu werden. Wenn die Kirche die unbedingte Achtung vor dem Recht auf Leben jedes unschuldigen Menschen – von der Empfängnis bis zu seinem natürlichen Tod – zu einer der Säulen erklärt, auf die sich jede bürgerliche Gesellschaft stützt, ›will sie lediglich einen humanen Staat fördern. Einen Staat, der die Verteidigung der Grundrechte der menschlichen Person, besonders der schwächsten, als seine vorrangige Pflicht anerkennt‹« (*Evangelium vitae,* Nr. 101).

Noch einmal danke ich Euch für Euer vielfältiges Bemühen, das Leben der ungeborenen Kinder zu schützen, und ebenso für Eure Bereitschaft, die katholische Beratungstätigkeit neu zu umschreiben. Ich empfehle die Euch anvertrauten Gläubigen – im besonderen die in der Beratung engagierten Frauen und Männer sowie alle schwangeren Frauen in Not – Maria, der Mutter vom Guten Rat, und erteile Euch von Herzen den Apostolischen Segen.

Aus dem Vatikan, am 11. Januar 1998,
dem Fest der Taufe des Herrn.
JOANNES PAULUS PP II

* *Erstveröffentlichung in: L'Osservatore Romano vom 28.1.1998.*

PÄPSTLICHES STAATSSEKRETARIAT

Kommentar zum Schreiben des Papstes an die deutschen Bischöfe *

In einem längeren Schreiben an die deutschen Bischöfe hat Johannes Paul II. zu einigen Fragen im Zusammenhang mit der Schwangerenberatung in Deutschland Stellung genommen. Der Papst antwortet darin auf die Probleme, die bei der Begegnung der deutschen Oberhirten mit ihm und einigen Vertretern der Kurie am 27. Mai 1997 erörtert worden sind. Das Schreiben trägt das Datum vom 11. Januar 1998, an dem die Kirche in diesem Jahr das Fest der Taufe des Herrn begeht und die Gläubigen dazu einlädt, sich an ihr eigenes Taufversprechen zu erinnern und es im Leben zu bezeugen.

1. In dem Schreiben unterstreicht der Papst mehrmals und deutlich die grundlegende Einmütigkeit zwischen dem Hl. Stuhl und den deutschen Bischöfen in der Lehre zum Lebensschutz und in der Verurteilung der Abtreibung.

Er dankt den Bischöfen für ihren freimütigen Einsatz im Kampf um das ungeborene Leben. Anerkennend hebt er hervor, daß sich die Deutsche Bischofskonferenz mit dem früheren und dem seit dem 21. August 1995 geltenden Abtreibungsgesetz nicht abgefunden hat, sondern unerschrocken dagegen eingetreten ist. Der Heilige Vater richtet Worte des Dankes an alle – besonders auch an die Politiker –, die öffentlich das Lebensrecht eines jeden Menschen verteidigt haben und verteidigen.

Er teilt das Anliegen der Bischöfe, mögliche Hilfeleistungen nicht zu unterlassen, in der Schwangerenberatung öffentlich präsent zu bleiben und dabei die vom Gesetz eröffneten Spielräume so weit wie möglich zu nützen. In diesem Zusammenhang hebt er ausdrücklich die Tätigkeit der katholischen Beraterinnen hervor und dankt ihnen für ihr Engagement.

Ohne im Detail auf die deutsche Rechtslage einzugehen, würdigt der Papst bei aller Kritik an bestimmten Aspekten der gegenwärtigen Gesetzgebung auch die positiven gesetzlichen Aussagen über den Lebensschutz und über die Notwendigkeit der Beratung, wie es die Bischöfe ebenfalls getan haben.

2. Das Schreiben läßt klar das gemeinsame Bemühen erkennen, in den offenen Fragen bezüglich der Zuordnung der katholischen Schwangerschaftsberatungsstellen zur staatlich geregelten Beratung gemäß dem neuen Gesetz im Zueinander von bischöflicher und päpstlicher Verantwortung die richtigen Entscheidungen zu treffen.

Johannes Paul II. erinnert an seinen persönlichen Brief vom 21. September 1995 und an die Ansprache vom 22. Juni 1996 während seiner Pastoralreise in Deutschland. Er verweist unter anderem auf die *Vorläufigen Bischöflichen Richtlinien,* auf das Ringen um ein eigenes Profil der kirchlichen Beratungsstellen und auf das Hirtenwort der deutschen Bischöfe *Menschenwürde und Menschenrechte von allem Anfang an* vom 26. September 1996. Er ruft die beiden Gespräche zwischen einer Delegation der Deutschen Bischofskonferenz und Vertretern der Kongregation für die Glaubenslehre sowie die bereits erwähnte Begegnung vom 27. Mai 1997 ins Gedächtnis.

Der mehr als zwei Jahre dauernde Dialog zwischen dem Hl. Stuhl und den Bischöfen macht deutlich, wie im Miteinander-Reden und Aufeinander-Hören um gemeinsame Lösungen gerungen wurde. Auf diesem Weg konnten denn auch alle offenen Probleme geklärt werden, abgesehen von der schwierigen Frage im Zusammenhang mit dem Beratungsschein.

3. Bezüglich der Beratungsbescheinigung legt der Papst in seiner Verantwortung als oberster Hirte der Kirche nach einer langen Zeit des Studiums, der weiteren Beratung und des Gebetes Richtlinien für das künftige Verhalten vor.

Er verweist auf die im Gesetz verankerte – von den deutschen Bischöfen als »Dilemma« bezeichnete – Zweideutigkeit der Bescheinigung: Der Schein will einerseits die Pflichtberatung im Sinn des Lebensschutzes erreichen und belegen; darin liegt seine positive, dem Leben dienende Bedeutung. Er ist aber zugleich notwendige Bedingung für die straffreie, in öffentlichen Einrichtungen und teilweise mit öffentlichen Mitteln durchgeführte Abtreibung in den ersten zwölf Schwangerschaftswochen, auch wenn er nicht deren entscheidende Ursache ist; darin liegt seine negative Bedeutung. Daraus entsteht die besagte Zweideutigkeit.

Der Papst geht nicht näher auf die moraltheologische Frage ein, welche Art der Mitwirkung an der Abtreibung hier genau vorliegt. Es scheint auch nicht leicht, die entsprechenden traditionellen Kriterien unverändert auf die Problematik des Beratungsscheins anzuwenden, zumal die Sachlage überaus komplex ist und es um eine institutionelle Mitwirkung der Kirche geht, in deren Auftrag die Beraterinnen in vielen Fällen handeln.

Der entscheidende Grund, weshalb der Papst nach gründlicher Abwägung aller Argumente zur Auffassung gekommen ist, daß die Bescheinigung in kirchlichen Beratungsstellen nicht ausgestellt werden soll, liegt auf einer anderen Ebene: Durch die Ausstellung der Bescheinigung wird die Klarheit und Eindeutigkeit des Zeugnisses der Kirche und ihrer Beratungsstellen verdunkelt. Es geht letztlich darum, das Evangelium vom Leben in der pluralistischen Welt von heute wirksam und glaubwürdig zu verkünden. Der unbedingte Einsatz für jedes ungeborene Leben, der die Kirche von Anfang an von der Umwelt unterschieden hat, läßt keine Abstriche, Kompromisse oder Zweideutigkeiten zu.

Vor allem in diesem Kontext muß die Aussage des Papstes gesehen werden, daß es in der Problematik um eine pastorale Frage mit offenkundigen lehrmäßigen Implikationen geht, die für Deutschland und weit darüber hinaus von Bedeutung ist.

Der Papst in seiner obersten Verantwortung legt seine Richtlinien, soweit sie sich auf die konkrete Umsetzung beziehen, in Form einer nachdrücklichen Bitte vor: Er bittet die Bischöfe eindringlich, Wege zu finden, daß ein Schein solcher Art in den kirchlichen oder der Kirche zugeordneten Beratungsstellen nicht mehr ausgestellt wird. Er betont aber eigens, daß die Kirche auf wirksame Weise in der Beratung der hilfesuchenden Frauen präsent bleiben soll. Von einer Aufforderung, aus der gesetzlichen Beratung auszusteigen, kann also keine Rede sein. Es geht vielmehr um einen Umstieg, der die Kirche von einer Fessel befreit, in die sie – mit der guten Absicht zu retten, was zu retten ist – geraten ist.

4. Was die praktische Umsetzung der Bitte betrifft, bekundet Johannes Paul II. in dem Schreiben sein Vertrauen zu den deutschen Bischöfen und ihren Mitarbeitern. Er überläßt nähere Fragen, etwa den Zeitpunkt der Neuordnung der katholischen Beratungsstellen, offensichtlich den Bischöfen, auch wenn sein Wunsch nach einer zügigen endgültigen Regelung im genannten Sinn deutlich aus dem Schreiben hervorgeht.

Der Papst ist überzeugt, daß die katholischen Beratungsstellen durch sachliche Kompetenz, menschliche Zuwendung und Bereitschaft zu konkreter Hilfe weiterhin Frauen in Not anziehen werden. Er betont, daß die Qualität der Beratung, die neben dem Wert des ungeborenen Lebens auch die Schwierigkeiten der schwangeren Frau ganz ernst nimmt und eine Lösung auf der Basis von Wahrheit und Liebe anstrebt, die Gewissen vieler Ratsuchender anrühren wird.

Er vertraut darauf, daß die Kirche in Deutschland mit ihren vielfältigen Möglichkeiten und Potentialen Wege finden wird, die kirchliche Präsenz in der Beratung nicht nur nicht vermindern zu lassen, sondern noch zu verstärken.

Nach Auffassung des Papstes wird der Weg der Kirche, der hier in einem konkreten Punkt vom Weg des Gesetzgebers abweicht, zur Schärfung des öffentlichen Gewissens und damit letztlich auch dem Wohl von Staat und Gesellschaft dienen. Der Auftrag, die Würde und die Grundrechte jedes Menschen, vor allem des schwächsten, zu verteidigen, ist für die Kirche eine Pflicht, von der sie nicht abrücken kann. Wenn sie in Wort und Tat immer wieder auf diese Grundrechte verweist, erfüllt sie ihre Sendung als Sauerteig der Welt und als Anwalt des von Gott erschaffenen und erlösten Menschen.

* *Erstveröffentlichung in: L'Osservatore Romano vom 28.1.1998. Der nicht namentlich gezeichnete Text wird verantwortet vom Päpstlichen Staatssekretariat.*

Erklärung des Ständigen Rates der Deutschen Bischofskonferenz

zur Diskussion um die kirchlichen Schwangerschaftskonfliktberatungsstellen im Zusammenhang des Schreibens von Papst Johannes Paul II. vom 11. Januar 1998

Der Ständige Rat der Deutschen Bischofskonferenz hat sich bei seiner ordentlichen Sitzung am 25./26. Januar 1998 intensiv mit dem Schreiben von Papst Johannes Paul II. vom 11. Januar 1998 zu den kirchlichen Schwangerschaftskonfliktberatungsstellen, mit der Reaktion aus der Kirche und dem Echo in der Gesellschaft beschäftigt. Im Anschluß daran wird folgendes erklärt:

Das Schreiben des Papstes an die deutschen Bischöfe nimmt Bezug auf eine mehrjährige Diskussion über das Verhältnis der kirchlichen Beratungsstellen zum staatlich anerkannten System der Schwangerenkonfliktberatung. Der Hl. Vater hat uns Bischöfen einen verstehenden und brüderlichen Brief geschrieben, der um die nicht leichte Problematik und die verschiedenen Positionen in unserer Kirche weiß.

Das Schreiben des Papstes und der offizielle Kommentar, veröffentlicht im L'Osservatore Romano vom 27. Januar 1998, sind in einer Sprache geschrieben, die weitgehend auf theologische Fachterminologie verzichtet. Gerade darum bedarf das Schreiben einer sorgfältigen und differenzierten Analyse, ohne daß von außen herangetragene Vor-Urteile maßgebend werden dürfen.

Wir danken dem Hl. Vater, daß er die Bemühungen der Kirche

in unserem Land für die Rettung des Lebens ungeborener Kinder auf allen Ebenen ausdrücklich anerkennt, ganz besonders auch im Blick auf die Beraterinnen, und die Bischöfe ermutigt, nach Kräften und wirksam die Beratungstätigkeit fortzusetzen. Gerade in den letzten Tagen ist in der öffentlichen Meinung offenbar geworden, welche hohe Anerkennung die kirchlichen Beratungsstellen auch außerhalb der kirchlichen Gemeinschaft gefunden haben. Wir haben Grund, für die Tätigkeit dieser Beratungsstellen mit dem Hl. Vater dankbar zu sein.

In dem Schreiben unterstreicht der Papst mehrmals und deutlich die grundlegende Einmütigkeit zwischen dem Hl. Stuhl und den deutschen Bischöfen in der Lehre der Kirche zum Schutz des ungeborenen Kindes und in der Verurteilung der Abtreibung wie auch in der Notwendigkeit einer umfassenden Beratung schwangerer Frauen in Not.

Wie in der bisherigen Diskussion spitzt sich das Problem auf die Interpretation und Bewertung des Beratungsscheins zu. Der Nachweis einer Beratung, die ausschließlich dem Schutz des ungeborenen Kindes dienen soll, kann unter bestimmten Voraussetzungen leider auch dazu gebraucht werden, eine straffrei bleibende Abtreibung vorzunehmen, auch wenn diese rechtswidrig bleibt. Dieses Bewußtsein der Unrechtmäßigkeit hat sich in unserer Gesellschaft allerdings zu wenig durchsetzen können, so daß nicht zuletzt dadurch der »Schein« in ein gewisses Zwielicht gekommen ist. Daran hat auch eine manchmal undifferenzierte Bewertung des Scheins einen gewissen Anteil. Zugleich hat sich die gesellschaftliche Bewußtseinslage für die Rettung des bedrohten ungeborenen Kindes in letzter Zeit durch verschiedene Vorgänge verschlechtert. Wir müssen mit Enttäuschung zur Kenntnis nehmen, daß der Beratungsschein in einem solchen »Klima« seine vom Gesetz intendierte Wirkung nur bedingt bzw. kaum entfalten kann und vor der zweideutigen Annahme, es könnte ein »Recht auf Abtreibung« geben, nicht genügend geschützt werden kann.

Vor diesem Hintergrund schreibt der Hl. Vater: »Deshalb möchte ich Euch, liebe Brüder, eindringlich bitten, Wege zu finden, daß ein Schein solcher Art in den kirchlichen oder der Kirche zugeordneten Beratungsstellen nicht mehr ausgestellt wird. Ich ersuche Euch aber, dies auf jeden Fall so zu tun, daß die Kirche auf wirksame Weise in der Beratung der hilfesuchenden Frauen präsent bleibt.«

Wir werden dieser Bitte Folge leisten. Dies bedeutet jedoch nicht, daß die kirchliche Beratung vermindert wird. Im Gegenteil: Wir werden sie noch verstärken. Der Papst selbst wünscht ausdrücklich, daß wir die im staatlichen Beratungssystem gegebenen Spielräume zur Rettung des ungeborenen Kindes »soweit wie möglich« nützen. Von einer Aufforderung aus der gesetzlichen Beratung auszusteigen, kann also keine Rede sein.

Es geht nicht darum, daß die Kirche ihre Anstrengungen vermindert, schwangere Frauen in Not zu beraten und ihnen Hilfen anzubieten. Diese Konfliktberatung, wo es um Leben und Tod des ungeborenen Kindes geht, soll nur ferngehalten werden vom Anschein der Zweideutigkeit und einer Verdunkelung des lebendigen Zeugnisses für das Lebensrecht des ungeborenen Kindes.

Wir machen keine Abstriche im Angebot und in der Qualität der Beratung für schwangere Mütter in Not. Wir werden, wie vom Papst vorgeschlagen, nach Wegen suchen, wie wir ohne einen solchen Schein auch in Konfliktsituationen eine wirksame Beratung durchführen können. Wir werden uns um eine Fassung der Beratungstätigkeit bemühen, die ohne einen Schein der bisherigen Art erfolgt. Dabei sind wir uns bewußt, daß es wohl keinen Lösungsweg geben kann, der nicht auch Nachteile in sich birgt und Bedenken auslösen kann.

Wir haben beschlossen, eine Arbeitsgruppe einzusetzen. Ihr wird der Auftrag erteilt, genauer nach möglichen neuen Wegen zu suchen, die dem Anliegen des Papstes und unserem Anliegen entsprechen, daß die Kirche auf wirksame Weise in der Beratung hilfesuchender Frauen präsent bleibt. Wir werden zu gegebener Zeit eine entsprechende Neufassung der Ordnung unserer Beratungsstellen in Kraft setzen.

Da wir bereit sind, unsere intensive und weithin anerkannte Beratung fortzusetzen, bitten wir auch die Politikerinnen und Politiker, nach Wegen zu suchen, wie dies ohne die Zweideutigkeit des »Scheins« im bisherigen Sinne möglich ist. In diesem Zusammenhang erinnern wir auch an den Auftrag, den das Bundesverfassungsgericht in seiner Entscheidung vom 28. Mai 1993 an den Gesetzgeber gerichtet hat: »Er bleibt vielmehr aufgrund seiner Schutzpflicht weiterhin dafür verantwortlich, daß das Gesetz tatsächlich einen – unter Berücksichtigung entgegenstehender Rechtsgüter – angemessenen und als solchen wirksamen Schutz vor Schwangerschaftsabbrüchen bewirkt. Stellt sich nach hinreichender Beobachtungszeit heraus, daß das Gesetz das von der Verfassung geforderte Maß an Schutz nicht zu gewährleisten vermag, so ist der Gesetzgeber verpflichtet, durch Änderung oder Ergänzung der betreffenden Vorschriften auf die Beseitigung der Mängel und die Sicherstellung eines dem Untermaßverbot genügenden Schutzes hinzuwirken (Korrektur- oder Nachbesserungspflicht).«

Auch wenn der Hl. Vater uns durch seinen Brief vom 11.1.1998 eine schwierige Aufgabe übertragen hat, so sind wir doch der Überzeugung, daß eine an diesem einen Punkt erneuerte Fassung der Beratungstätigkeit zum Wohl unserer Gesellschaft sein wird und den schwangeren Frauen in Not besser dienen kann. Die Regelung der Einzelheiten hat er den Bischöfen und ihren Mitarbeiterinnen und Mitarbeitern überlassen.

Würzburg, 26. Januar 1998

III. *Reaktionen*

BISCHOF KARL LEHMANN

Einführung in den Papstbrief *

In dieser Einführung brauche ich nicht die einzelnen Stationen des Gesprächs mit dem Heiligen Stuhl zu wiederholen. Sie reichen vom Ende der 70er bis in die Anfänge der 80er Jahre, damals mit Kardinal Šeper als Präfekt der Glaubenskongregation geführt, über einige Zwischenstationen in der zweiten Hälfte der 80er Jahre bis zu dem intensiveren Dialog, der nun seit 1995 in beinahe drei Jahren stattgefunden hat. Der Brief des Heiligen Vaters an die deutschen Bischöfe vom 11. Januar 1998 wiederholt selbst kurz die letzten Etappen. So erlaube ich mir, in dieser Einführung weniger zurückzublicken, obgleich dies auch aufschlußreich ist und gelegentlich geschehen muß, sondern das Augenmerk auf den genannten Brief und die Folgerungen daraus zu richten.

I. Stil und Struktur

Der Brief, unterschrieben am Fest der Taufe des Herrn (11.1. 1998), ist in acht Abschnitte gegliedert. Zu ihm gehört ein offizieller Kommentar, der vom Staatssekretariat verantwortet wird und im L'Osservatore Romano am Dienstag, 27.1.1998, mit dem Text des Schreibens veröffentlicht wurde. Auch wenn der Kommentar in knapper Form viele Formulierungen des Briefes wiederholt, so enthält er doch einige Ausführungen, die besonderer Beachtung bedürfen. Künftig spreche ich in abgekürzter Form von »Brief« und »Kommentar«, wenn ich mich auf diese beiden Texte vom 11.1.1998 und vom 27.1.1998 beziehe.

Der Brief ist zweifellos in einem kollegialen, freundlichen, wohlwollenden und brüderlich-geschwisterlichen Ton gehalten. Der Papst wirbt verstehend und selbst um Verständnis bittend für seine Entscheidung und hofft, daß der von ihm nun vorgezeichnete Weg der Kirche nach innen und nach außen »auch dort wenigstens Respekt findet, wo man nicht glaubt, ihn billigen zu können« (Nr. 8). Der Text ist weitgehend in einer einfachen Sprache geschrieben, wobei sich der Papst bewußt ist, daß die Sache selbst »überaus komplex« und differenziert (vgl. Kommentar – künftig nur: K – 3), »ein nicht leichtes Problem« (Nr. 8) ist. Es ist wohl nicht zufällig, daß mindestens dreimal das Wort »Problem« (Nr. 1; 5; 8) vorkommt und stets auch das Umstrittensein der Frage betont wird (vgl. Nr. 5; 8).

Die Gliederung des »Kommentars« zeigt klar das innere Gefälle der Aussagen: »grundlegende Einmütigkeit« (K 1), »gemeinsames Bemühen« (K 2), »Richtlinien für das künftige Verhalten« (K 3), »Vertrauen zu den deutschen Bischöfen und ihren Mitarbeitern« (K 4). Bei aller Betonung des »Entscheids« (Nr. 8) ist der Vorgang auf Gemeinsamkeit und Vertrauen aufgebaut.

Der Brief selbst ist deutlich in drei Teile gegliedert: grundlegende Hinführung (Nr. 1 und Nr. 2), kritische Erwägung und eindringliche Bitte (Nr. 3 bis 7), Hinweise für die Rezeption (Nr. 8).

II. Die Grundsorge und das Anliegen des Briefes

Die erste Hälfte des Briefes ist von einer hohen Anerkennung des Einsatzes der Kirche unseres Landes für das Lebensrecht des ungeborenen Kindes bestimmt. Der Papst spricht alle Ebenen an: Bischofskonferenz, Bischöfe, Beraterinnen und die dazugehörigen Fachverbände, besonders des Sozialdienstes katholischer Frauen und der Caritas, Laien und Politiker. Dieses Lob, das fast beschämt, ist eindeutig: lebendiges Verantwortungsbewußtsein gegenüber dem Evangelium des Lebens (Nr. 1), Einsatz auf unmißverständliche Weise in Wort und Tat (Nr. 2), freimütige und unerschrockene Verteidigung (ebd.), vielfältige Bemühungen im Dienst am Leben in die Tat umgesetzt (ebd.), Vertrautheit der Bürger »von Kindesbeinen an« (ebd.) mit der Haltung der Kirche zum Lebensschutz usw. Der Papst spricht »aus ganzem Herzen« seine »Wertschätzung« und seine »volle Anerkennung für diesen unermüdlichen Einsatz« (ebd.) auch für die jüngsten Maßnahmen der Bischofskonferenz seit 1995 aus, so z.B. die Stellungnahmen der Bischofskonferenz zum Gesetz vom 21.8.1995 (Nr. 3), ebenso für die »Vorläufigen Bischöflichen Richtlinien« und auch für den gemeinsamen Hirtenbrief »Menschenwürde und Menschenrechte von allem Anfang an« (26.9.1996) und dankt ebenso für viele »Ansprachen, Erklärungen, ökumenische Initiativen und andere Beiträge« (Nr. 2), unter denen gewiß auch die gewichtige Gemeinsame ökumenische Erklärung »Gott ist ein Freund des Lebens« (1989) verstanden werden darf. Wir dürfen diesen Dank besonders an alle weitergeben, die das Lebensrecht des ungeborenen Kindes in Wort und Tat verteidigen, besonders an die Beraterinnen, für die der Papst sehr anerkennende Dankesworte findet (Nr. 6).

Zugleich wird klar erkennbar, worum es dem Papst geht. Leitlinie ist für ihn gewiß seine ganze Verkündigung, die für diese Frage in der Enzyklika »Evangelium vitae« vom 25. März 1995 gipfelt, die nicht zufällig am Anfang (Nr. 2) und am Ende ausführlicher zitiert wird (Nr. 8). Es geht ihm darum, im Einsatz für das Evangelium des Lebens jeden Kompromiß und jede Zweideutigkeit abzulehnen (Nr. 2). Er pocht auf die unmißverständliche Bezeugung in Wort und Tat, verlangt von der Kirche Freimut und Unerschrockenheit (Nr. 2; 5). Deshalb muß sich die Kirche an dieser Stelle von der allgemeinen Tendenz der Umwelt unterscheiden

(Nr. 2 mit dem Hinweis auf die wichtige Stelle im Brief an Diognet, 5.1–6.2). Darum muß die Kirche hier auch in ihren Einrichtungen ein »deutliches eigenes Profil« zeigen und eine »eigenständige Position« (Nr. 4) vertreten.

Der Papst unterstreicht, daß es hier zwischen der Deutschen Bischofskonferenz und dem Heiligen Stuhl »eine grundlegende Einmütigkeit in der Lehre der Kirche zum Lebensschutz und in der Verurteilung der Abtreibung wie auch in der Notwendigkeit einer umfassenden Beratung schwangerer Frauen in Not« (Nr. 5) gibt. Er hat in einer dreifachen Hinsicht die Sorge, daß die Kirche bei einer Beratung im staatlich geregelten Beratungssystem wegen der Funktion des »Scheins« (vgl. unten III.1) von den Zweideutigkeiten des Gesetzes selbst affiziert wird, 2) so sich »verwickeln« kann (Nr. 7; 8) und 3) »für die Tötung unschuldiger Kinder mitverantwortlich gemacht werden« könnte. Er sieht die Gefahr, daß das Zeugnis der Kirche und ihrer Beratungsstellen im Blick auf die Klarheit und Entschiedenheit des öffentlichen Eintretens für das Lebensrecht »verdunkelt« werden kann (Nr. 7). Es kommt also darauf an, daß der »*unbedingte* Widerspruch gegen die Abtreibung« (Nr. 8) nicht abgeschwächt wird und dadurch an Glaubwürdigkeit verliert. Der Papst möchte den moralischen Imperativ »Du sollst nicht töten!« mit voller Wucht vertreten.

Hier scheint es wichtig zu sein, daß der Papst nicht primär moraltheologisch im engeren Sinne einer theologischen Disziplin argumentiert, wie die Diskussion bisher weitgehend geführt worden ist. Dadurch kommt es auch nicht im Blick auf die Kirche in unserem Land und besonders auch die Beraterinnen zu einer sittlich negativen Bewertung ihres Tuns, wie es in der innerkirchlichen Debatte oft geschehen ist. Der Papst verzichtet auf die übliche Terminologie, z.B. der »Mitwirkung« (cooperatio). »Der Papst geht nicht näher auf die moraltheologische Frage ein, welche Art der Mitwirkung an der Abtreibung hier genau vorliegt. Es scheint auch nicht leicht, die entsprechenden traditionellen Kriterien unverändert auf die Problematik des Beratungsscheins anzuwenden, zumal die Sachlage überaus komplex ist und es um eine institutionelle Mitwirkung der Kirche geht, in deren Auftrag die Beraterinnen in vielen Fällen handeln« (K 3). Der Brief setzt also grundlegender an und begibt sich »auf eine andere Ebene« (K 3). Der Papst bezieht die ganze seelsorgliche Situation mit dem gesellschaftlichen Umfeld ein und argumentiert sehr stark von einer fundamentalen christlichen Anthropologie und spirituell akzentuierten Ekklesiologie her. In der Mitte steht der Begriff des Zeugnisses. An einer Stelle wird das Problem auch als »eine pastorale Frage mit offenkundigen lehrmäßigen Implikationen« (Nr. 5) bezeichnet.

So ist es für den Papst ganz grundlegend, »daß die Freiheit der Kirche nicht beeinträchtigt wird« (Nr. 4), der Auftrag des Lebensschutzes nicht die geringste Minderung erfährt und gerade in einer pluralistischen Gesellschaft (Nr. 5) wirksam und glaubwürdig verkündigt wird (Nr. 4).

III. Konzentration auf die Beratungsbescheinigung

1. Die »Schlüsselfunktion« des Beratungsscheins

Der Papst stellt fest, daß die verschiedenen Gespräche, die er sehr positiv charakterisiert (Nr. 5; vgl. auch K 2), in großer Einmütigkeit geführt wurden, »alle offenen Probleme geklärt« (K 2) wurden, abgesehen von der Frage der Beratungsbescheinigung: »Umstritten blieb die Problematik der Beratungsbescheinigung« (Nr. 5, ähnlich K 2: »abgesehen von der schwierigen Frage im Zusammenhang mit dem Beratungsschein«). Hier verweist der Papst auf seine seit 1995 durchgängige Argumentation. Er sieht im Beratungsschein eine »widersprüchliche Spannung« (Nr. 7), eine

»Schlüsselfunktion für die Durchführung straffreier Abtreibungen« (ebd.). Hier liegt für ihn von Anfang an eine Zweideutigkeit, die nach seiner Auffassung bei sorgsamer Analyse in der »objektiven rechtlichen Bedeutung« gefunden werden muß (Nr. 5): »Der Schein soll einerseits die Pflichtberatung im Sinne des Lebensschutzes erreichen und belegen; darin liegt seine positive, dem Leben dienende Bedeutung. Er ist aber anderseits notwendige Bedingung für die straffreie, in öffentlichen Einrichtungen und teilweise mit öffentlichen Mitteln durchgeführte Abtreibung in den ersten zwölf Schwangerschaftswochen, auch wenn er nicht deren entscheidende Ursache ist; darin liegt seine negative Bedeutung. Daraus entsteht die genannte Zweideutigkeit« (K 3).

An anderer Stelle wiederholt der Papst eine frühere Kennzeichnung der Bischofskonferenz, daß »diese widersprüchliche Bedeutung des Beratungsscheines, die im Gesetz verankert ist« (Nr. 7), vor ein »Dilemma« stellt (ebd.). Der Papst ist überzeugt, daß diese »widersprüchliche Spannung« konstitutiv zum Schein gehört und daß sie deshalb, wenn der Schein in dieser Fassung und Funktion bestehen bleibt, durch noch so positive und erbauliche Begleittexte nicht aufgehoben werden kann. Dies steigert sich besonders für die Beraterinnen, die im Auftrag der Kirche handeln, zu einer sehr schwierigen Situation, »die mit ihrer Grundauffassung in der Frage des Lebensschutzes und dem Ziel ihrer Beratung im Konflikt steht. Gegen ihre Absicht werden sie in den Vollzug eines Gesetzes verwickelt, der zur Tötung unschuldiger Menschen führt und vielen zum Ärgernis gereicht« (ebd.).

2. Analyse der entscheidenden Aussage

Vor diesem Hintergrund kommt der Heilige Vater zur entscheidenden Schlußfolgerung des gesamten Textes: »Nach gründlicher Abwägung aller Argumente kann ich mich der Auffassung nicht entziehen, daß hier eine Zweideutigkeit besteht, welche die Klarheit und Entschiedenheit des Zeugnisses der Kirche und ihrer Beratungsstellen verdunkelt. Deshalb möchte ich Euch, liebe Brüder, eindringlich bitten, Wege zu finden, daß ein Schein solcher Art in den kirchlichen oder der Kirche zugeordneten Beratungsstellen nicht mehr ausgestellt wird. Ich ersuche Euch aber, dies auf jeden Fall so zu tun, daß die Kirche auf wirksame Weise in der Beratung der hilfesuchenden Frauen präsent bleibt« (Nr. 7).

An diesem Text ist einiges besonders bemerkenswert:

- Der Papst wendet sich an die Bischöfe mit einer *»eindringlichen Bitte«* (Nr. 7). Das Wort »Bitte« taucht gegen Ende des Briefes noch zweimal auf (Nr. 8). Der Verbindlichkeitscharakter dieser Bitte darf deswegen nicht heruntergespielt werden. Diese moderate Ausdrucksweise ist nicht nur kurialer Stil, der jedoch zugleich deutlich einfordert, sondern er ist auch damit verbunden, daß der Brief immerhin von »Richtlinien für das künftige Verhalten in den umstrittenen Punkten« (Nr. 1), von »erzielten Ergebnissen« am Ende des Konsultationsprozesses (ebd.) und auch von einem »Entscheid« (Nr. 8) spricht, den er auch ohne formelle Kennzeichnungen der Verbindlichkeit in seiner »Verantwortung als oberster Hirte der Kirche« (Nr. 1; vgl. auch K 3) zur Sprache bringt. Eine »Bitte« ist zwar kein Befehl, aber wenn sie eindringlich vom Papst in seiner obersten Verantwortung an die Adresse von Bischöfen gesprochen wird, hat sie gerade in der bescheideneren Form eine unübersehbare Verbindlichkeit, die nicht weniger gegeben ist, wenn sie nicht mit betonter formaler Autorität ergeht. Dies ist eine Frage ekklesialer Sensibilität. Die Ausdrucksweise des Papstes ist jedoch nicht nur eine höfliche Floskel, sondern der Versuch, gemeinsames Verstehen und Einvernehmen zu erzielen.
- *»Wege zu finden«* (Nr. 7): Das Wort »Weg der Kirche«, das dem Papst von seiner ersten Enzyklika besonders am Herzen liegt, durchzieht den ganzen Brief (vgl. nur Nr. 8). Diese Wege liegen

nicht auf der Hand. Man muß sie nach den Worten des Papstes *finden* (Nr. 7; 8). Der Papst spricht dafür das »reiche Potential an intellektuellen Kräften wie an Innovationsfähigkeit und Kreativität« in unserem Land an (Nr. 8). Man muß also verschiedene Wege suchen, erproben und sie prüfen, ob sie den geforderten Kriterien der Eindeutigkeit und Klarheit eines solchen Weges entsprechen.

- *»ein Schein solcher Art«* (Nr. 7): Der Papst sagt ganz bewußt nicht einfach, daß überhaupt kein Schein mehr ausgestellt werden dürfe. Er leugnet die positive Bedeutung des Beratungsscheins nicht grundlegend und in jeder Hinsicht. Jene Scheine dürfen nicht mehr ausgestellt werden, die konstitutiv an der beschriebenen Zweideutigkeit leiden. Scheine anderer Art, die also diesen Mangel und diesen Widerspruch nicht aufweisen, werden nicht ausgeschlossen.

Es liegt auf der Hand, daß dies jedoch nie zu einem Formelkompromiß, zu einem taktischen Verhalten oder zu irgendwelchen Tricks führen darf. Es kommen nur, wenn überhaupt, solche Beratungsbescheinigungen in Frage, die ausschließlich die positive Dimension der Beratung, also ihr Ziel der Lebensrettung und der Unterstützung der Mutter, zum Inhalt haben.

- *»in den kirchlichen oder der Kirche zugeordneten Beratungsstellen«* (Nr. 7): Es geht nicht nur um die Beratungsstellen, für die die Kirche Trägerin ist, sei es mittelbar oder unmittelbar (z.B. durch Verbände). Auch die Beratungsstellen, »die der Kirche zugeordnet sind «, d.h. doch wohl, daß sie das Prädikat kirchlich oder katholisch beanspruchen, unterliegen denselben Anforderungen. Dies ist vor allem angesichts der schon seit einiger Zeit geäußerten Idee zu beachten, entsprechende Beratungsstellen, die wie bisher mit dem gesetzlichen Beratungsschein arbeiten, in die Trägerschaft von Vereinen, Stiftungen und Arbeitsgemeinschaften zu nehmen oder zu geben, die ausschließlich von katholischen Laien verantwortet werden oder jedenfalls der kirchlichen Intervention entzogen sein sollen. Für solche Konstruktion ist hier, ganz abgesehen von anderen Problemen, eine hohe Hürde aufgerichtet, deren Nichtbeachtung zu erheblichen Konflikten führen könnte.

3. *Ergänzende und präzisierende Momente*

Es kommen nun noch einige Äußerungen hinzu, die diese zentrale Aussage des Briefes kommentieren:

- Es ist kein Zweifel, daß der Papst dennoch damit nicht die geringste Minderung des Beratungsangebotes verbindet. Nach der Mitteilung seiner »Bitte« betont er *mehrfach,* »daß die Kirche *auf wirksame Weise* in der Beratung der hilfesuchenden Frauen präsent bleibt« (Nr. 7), »daß die Kirche sich *ihrer öffentlichen Verantwortung* nicht entziehen kann« (Nr. 8), daß die Präsenz der Kirche in der Beratung eher noch zu verstärken ist (ebd.) und daß »die vom Staat eröffneten Spielräume zugunsten des Lebens und der Beratung *soweit wie möglich*« (Nr. 6) genutzt werden müssen. Der Papst hofft sehr, »daß die kirchliche Beratung *kraftvoll* weitergeführt werden kann« (Nr. 6; alle Hervorhebungen von K.L.). Die Zielrichtung der »Bitte« des Papstes ist also nicht die Verminderung der Beratung, sondern nur die Vermeidung eines zweideutigen Scheins.
- Der Papst verwirft nicht das ganze Gesetz (Nr. 2), wenn er auch die Schwächen und Grenzen deutlich tadelt (Nr. 2; 3). Er sagt deutlich einschränkend, daß »die Kirche den Weg des Gesetzgebers *in einem konkreten Punkt* nicht mitgehen kann« (Nr. 8; Hervorhebung von K.L.). Der »Kommentar« zieht die klare Schlußfolgerung: »*Von einer Aufforderung, aus der gesetzlichen Beratung auszusteigen, kann also keine Rede sein*« (K 3). Statt dessen wird im Kommentar das Wort »Umstieg« (ebd.) bevorzugt. So schreibt der Papst auch selbst den Satz: »*Das Schwangeren- und Familien-*

hilfeänderungsgesetz bietet viele Möglichkeiten, um in der Beratung präsent zu bleiben« (Nr. 8; alle Hervorhebungen von K.L.).

- In diesem Zusammenhang räumt der Papst nach der Diktion des »Kommentars« den Bischöfen und ihren Mitarbeitern in der Realisierung seiner eindringlichen Bitte ein großes Vertrauen ein: »*Er überläßt nähere Fragen, etwa den Zeitpunkt der Neuordnung* der katholischen Beratungsstellen, *offensichtlich den Bischöfen,* auch wenn *sein Wunsch nach einer zügigen endgültigen Regelung* im genannten Sinn deutlich aus dem Schreiben hervorgeht« (K 4; Hervorhebung von K.L.).

Zum Zustandekommen und den geltenden Spielregeln solcher Entscheidungen

Ich übergehe hier den letzten Punkt des Päpstlichen Schreibens, nämlich die Nr. 8, obgleich hier noch eine Reihe von Fragen zu besprechen wären. Der Text versteht sich in vielen Teilen von selbst. Der erste Abschnitt wirft freilich auch im Ganzen des Briefes Fragen auf nach dem Verhältnis zwischen Papst und Bischöfen beim Zustandekommen eines solchen Briefes einschließlich der vielen Einflußnahmen, der Spielregeln in den entsprechenden Verfahren und der Wertung und Gewichtung der Positionen der Bischöfe. Dies sind nicht nur praktische Fragen, sie haben einen wichtigen ekklesiologischen Hintergrund. Solche Fragen haben wir auch im Blick auf die Erhebung, Sammlung und Wertung sogenannter Mißstände im Zusammenhang der »Instruktion« vom 13.11.1997. Welche Rolle haben hier die Bischöfe?

IV. Die »Richtlinien« des Briefes im aktuellen gesellschaftlichen Kontext

Vielleicht hilft diese erste Textanalyse einer Diskussion über die Realisierung. Ich will aus meiner Erfahrung und meiner Perspektive eine erste Einschätzung versuchen.

1. Die Wertung des Beratungsscheins

Wir haben in den verschiedenen Diskussionsrunden und Phasen bis zum Schluß und bis in die letzten Tage hinein bei der Formulierung des Textes manches erreichen und verbessern können. Ich lasse es bei diesem Satz bewenden. Darüber kann später einmal die Rede sein. Wir waren jedenfalls nicht nur Befehlsempfänger. Aber an *einem* Punkt haben wir in diesen Jahren trotz enormer Anstrengungen keinen Fortschritt erzielt, nämlich *in der Einordnung und Bewertung des Beratungsscheines.* Zwar räumt der Brief ein, daß der Schein »gewiß nicht aus dem Beratungskonzept herausgelöst werden kann« (Nr. 5), daß er trotz des Gebrauchs im Sinne einer straffreien Abtreibung »gewiß nicht deren entscheidende Ursache ist« (Nr. 7), aber zugleich wird behauptet, er habe »nunmehr (d.h. im Gesetz vom 21.08.1995) einen anderen juristischen Stellenwert … als in der vorigen gesetzlichen Regelung« (Nr. 4). Dies heißt wohl, er habe aus kirchlicher Sicht einen negativeren Stellenwert erhalten. Dies ist eine Frage der Auslegung von Text und Kontext. Hier kann man anderer Meinung sein.

Ich muß also in aller Ehrlichkeit bekennen, daß wir trotz vieler Anstrengungen in dieser Hinsicht offenbar nicht überzeugen konnten. Ich muß aber auch mit gleicher Offenheit betonen, daß ich deswegen die Kraft der von uns vorgebrachten Argumente nicht in Abrede stellen oder aufgeben möchte. Nach meinem Urteil ist der Schein in »Brief« und »Kommentar« zu sehr aus dem Beratungs*prozeß*, seiner eng damit zusammenhängenden *Funk-*

tion und der dazugehörenden *Zielvorgabe* im ganzen herausgelöst, zu sehr in seiner vorgeblich »objektiven rechtlichen Bedeutung« (Nr. 5) isoliert und in einer vermeintlichen »Schlüsselfunktion« (Nr. 7) überschätzt. Die gegenteilige Versicherung (vgl. Nr. 5) entfaltet keine Wirkung. Dies sind mehr als bloße Nuancen.

2. *Das Wagnis des »Scheins«*

Ich will aber auch nicht verkennen, daß die Argumentation an dieser Stelle sehr viel Kenntnis eines differenzierten und spannungsvoll formulierten Gesetzestextes, eine subtile Sprache und schon so etwas wie ein gewisses Expertentum voraussetzt. Unter diesen Voraussetzungen möchte ich persönlich eine stärker fachlich orientierte Interpretation des Scheines, wie wir sie bisher aufrechterhalten haben, auch heute als durchaus vertretbar ansehen. Wir konnten jedoch, wie gesagt, an dieser Stelle trotz mancher Anläufe und vieler Schriftsätze und Gutachten unsere Partner und letztlich den Papst selbst nicht überzeugen. Warum wollten sie uns nicht folgen? Es hängt sicher auch am Verständnis von Beratung und ihrer eigenen Funktion als Vorgehensweise. Aber wohl nicht allein.

Stets habe ich auch eingeräumt, daß nicht nur das Gesetz tiefe Zweideutigkeiten enthält, sondern daß der Beratungsschein vor ein Dilemma stellt, einer Gratwanderung ähnlich ist und faktisch mißverstanden werden kann. Das Wort »Dilemma« ist übrigens im »Brief« (Nr. 7) aufgenommen. Wir glauben jedoch, daß wir den positiven Sinn des Scheins im Sinne eines authentisch interpretierten Gesetzes verstärken und vor einem negativen Gebrauch eher bewahren könnten. Wir waren der Auffassung, daß wir auf diesem Weg des »Mitgehens«, das keineswegs unkritisch ist und sich nicht einfach verwickeln läßt, das Risiko des Scheins wagen dürften. Hineingeschlittert in eine solche Situation sind wir nicht (vgl. Nr. 7; K 3). Diese Worte entsprechen nicht dem Ernst unserer Auseinandersetzung.

3. *Das Mißverständnis des »Scheins«*

Dabei war uns immer bewußt, daß zwischen der gelehrten, fachlichen Interpretation und dem faktischen gesellschaftlichen Bewußtsein ein Unterschied, ja manchmal eine Kluft besteht. Hier wurde der Schein faktisch immer wieder als eine Art Berechtigung zur straffreien Abtreibung verstanden. Der gesellschaftliche Trend hat die Spannung, die im Schein liegt, und das Dilemma eher nach der negativen Dimension hin verrückt. Die Erklärung der Straffreiheit der Frau hat das entsprechende Gegengewicht, daß die Abtreibung nämlich in den meisten Fällen *unrechtmäßig (»rechtswidrig«)* bleibt, weitgehend unwirksam gelassen oder gemacht. Die Unrechtmäßigkeit ist im gesellschaftlichen Bewußtsein einfach nicht genügend wach und offenbar sehr schwer zu erwecken. Die Gewissen vieler schlafen tief.

An dieser Stelle ist auch das Urteil des Bundesverfassungsgerichts vom 28. Mai 1993 weder im Gesetz vom 21. August 1995 noch in vielen anderen Dimensionen ausreichend wirksam umgesetzt worden. Ich denke z.B. an die Verpflichtung, in den Schulen und besonders in den öffentlich-rechtlichen Anstalten, aber auch in allen Medien, sich sehr viel stärker für den Lebensschutz zu engagieren. Leider hat auch eine undifferenzierte, manchmal auch diffamierende Verteufelung des »Scheins« seine Wirkung nicht verfehlt, wie umgekehrt auch viele den Zündstoff und das »Ärgernis« im Schein verharmlosten. Hier sitzen wir etwas hilflos zwischen den Stühlen.

4. *Wachsende gesellschaftliche Schieflage*

Auch wenn die erneuerte Statistik der Abtreibungssituation aus den Jahren 1996/1997 noch keine zuverlässigen Auswertungen erlaubt, so besteht kein Zweifel, daß sich unter manchen Aspekten die gesellschaftliche Bewußtseinslage im Blick auf den Lebensschutz eher verschlechtert als verbessert hat.

Aus der letzten Zeit erinnere ich nur stichwortartig an die divergierende Rechtsprechung der beiden Senate des Bundesverfassungsgerichts, wie sie am 15.12.1997 offenkundig wurde: Die Beurteilung eines Kindes nicht als Schaden, aber als Schadensquelle bedeutet letztlich mindestens indirekt eine faktische Verminderung des Lebensschutzes und eine gründliche Verunklärung bisher eindeutiger Positionen. Die Folgen sind noch nicht überall deutlich.

Die Reaktionen auf die Wiedereröffnung der Debatte um die Abtreibungsgesetzgebung durch die zuständige Ministerin Claudia Nolte (an der Jahreswende 1997/1998) hat erschreckend gezeigt, daß viele Politikerinnen und Politiker, aber auch gesellschaftliche Kräfte in den alten, längst überholten Bahnen eines vorwiegend emanzipatorischen Denkens, nur von der Frau her verhaftet sind und dem eigenen Lebensrecht des Kindes, das sicher nur mit der Mutter gerettet werden kann, immer noch nicht den ausreichenden Rang zukommen lassen.

Daß zusätzlich nun die Zahl der Abtreibungen von verheirateten Frauen auf über die Hälfte, nämlich auf 52% angewachsen ist, ist zweifellos ein Skandal. Er ist nicht nur mit dem Anstieg sozialer Notlagen zu erklären und auch nicht mit der wachsenden Brüchigkeit der Ehe- und Familienstrukturen. Es ist gewiß auch Symptom und Wirkung eines weiter abnehmenden Bewußtseins im Blick auf die eigene Würde und das Lebensrecht des ungeborenen Kindes. Ein weiterer Skandal ist die Abtreibung eines durch Behinderung beeinträchtigten Kindes (Down Syndrom, Trisomie 21) in der 25. Schwangerschaftswoche, das dann jedoch lebendig, wenn auch verletzt, zur Welt kam und in die Intensivstation gebracht werden mußte. Dieser in den Medien im Januar 1998 über Tage breit angesprochene Fall zeigt die von den Bischöfen immer wieder angeprangerte, verheerende Wirkung einer sehr vage und unbestimmt umschriebenen »medizinischen Indikation« im Gesetz vom 21.8.1995 (vgl. auch die Kritik im Papstbrief, Nr. 3). Die Rechtmäßigkeit einer solchen Abtreibung ist ein Ärgernis, das dankenswerterweise auch von der Bundesärztekammer und Ärzteorganisationen heftig kritisiert worden ist. Die mit diesen Begebenheiten zweifellos einhergehende Kommerzialiserung des Kindes und die ökonomische Gefahr der Verengung ehelich-familiärer Beziehungen warnen. Das Beispiel USA sollte uns lehren.

5. *Die harte Frage*

Diese und andere Ereignisse sind für mich schon seit einiger Zeit Anlaß zur Beunruhigung, ob denn in einem solchen »Klima« der subtile Sinn eines gewiß verantwortungsvoll ausgestellten Beratungsscheines in der Breite der Gesellschaft noch verstanden wird oder ob er doch in die nivellierende, gleichförmige Tendenz eines »Rechts auf Abtreibung« eingeordnet wird. Ich gestehe, daß ich mich seit einiger Zeit fragte, ob man kirchlicherseits nicht stärker, noch viel stärker dieses gesellschaftliche Bewußtsein infrage stellen muß. Wir haben dies in vielen Verlautbarungen und mit vielen Maßnahmen zu tun versucht (vgl. auch meine eigenen Referate vor den Herbst-Vollversammlungen der Deutschen Bischofskonferenz 1991 und 1992).

Aber vielleicht bedarf es tatsächlich anderer Zeichen, die diese weitgehend unbewußte Dynamik einer Verschlechterung des umfassenden Lebensschutzes, der sich ja auch in anderen gesellschaftlichen Feldern zeigt (sexueller Mißbrauch, Darstellung der Sexualität, Pornographie, Gewalt usw.), unterbricht. Man muß diesen Trend sozusagen gegen den Strich bürsten und etwas querköpfig und alternativ eine grundsätzliche Umkehr unüberhörbar anmahnen. Insofern kann man die Einrede des Papstes verstehen, der jede Minderung des Lebensschutzes und jede Zweideutigkeit, wenn sie sich auch im Tun der Kirche spiegeln könnte, unbedingt vermeiden will. Dafür bedarf es nicht nur der Verlautbarungen und Reden, sondern auch realer Symbole, die das Bewußtsein verändern. Vielleicht wären wir selbst im Lauf der Zeit und bei einer fortschreitenden Entwicklung der gesellschaftlichen Bewußtseinslage zu ähnlichen Folgerungen wie der Papstbrief gekommen. Wir haben ja im Lauf der Diskussion der letzten Jahre schon manche Gedankenspiele dieser Art unternommen, ganz besonders im letzten Frühsommer 1997 (Diskussion im April und Mai in Rom, Gespräche mit der Bundesregierung im Juni/Juli, Brief von Bischof Mussinghoff und Briefentwurf für den Abschluß der Beratung von Kard. Wetter).

Ich habe immer vertreten, daß es sich bei diesem »nicht leichten Problem« (Nr. 8) um eine höchst komplexe und differenzierte Sache handelt, die manche Zugangsweisen, Perspektiven und mehrere Teilantworten zuläßt. Deshalb hatte ich immer einen Horror vor den »terribles simplificateurs«, die es auf beiden Extremen gab, leider auch im kirchlichen Lager. Daß die Sache jedoch verschiedene Antworten zuläßt, die jeweils keinen Absolutheitscharakter haben, war mir immer deutlich. Es geht schließlich um die Entscheidung über viele theologische, ethische, pastorale und gesellschaftspolitische Elemente, die hier auf höchst diffizile Weise zusammenspielen.

Die Simplifizierung der Probleme mit einer unsachlichen Verteufelung des »Scheins«, einer immer negativeren Interpretation des Gesetzes von 1995 (als ob dann ein neues Gesetz wie ein Phönix aus der Asche hervorkäme!), fragwürdige Statistiken, Manipulation des Begriffs der Konfliktberatung usw. haben eine wirkliche Klärung seit Jahren verhindert. Gegen solche Machenschaften – ich kann sie auch heute noch nicht anders nennen – mußten wir uns wehren. Manche Demonstrationen waren ein Musterbeispiel, wie man einen fälligen Bewußtseinswandel in der Gesellschaft eher verhindert als fördert. Ich verkenne nicht die sehr ernste, löbliche und gute Absicht vieler Menschen in den Lebensschutzgruppen. Es gibt in der Gesellschaft ein echtes Ärgernis der Abtreibung. Aber der Protest dagegen kam nicht immer vom berühmten »Glauben der Einfachen«, der gewiß geschützt werden muß, sondern manche Drahtzieher haben diese Menschen auch nicht selten und bewußt für ihre Politik und Kirchenpolitik instrumentalisiert.

Diese harte Wahrheit muß jetzt auch gesagt werden. Leider ist dadurch die Aufgabe des Lebensschutzes des ungeborenen Kindes für viele aus der Mitte des Glaubens, wo sie hingehört, zu einer Angelegenheit im äußeren rechten Spektrum kirchlicher und gesellschaftlicher Gruppierungen geworden. Die Polemik galt weithin dem »Schein« und den Bischöfen. Aufrufe zu wirklich gemeinsamer Aktion gegen das Übel und Ärgernis der Abtreibung verhallten eher.

6. Rücksicht auf Fernwirkungen

Der Papst hat nicht nur Sorge wegen der Entwicklung in unserem Land. Er weiß um die Einzigartigkeit unserer Regelung (Nr. 5), ist aber auch wachsam, daß unsere Praxis – oft in vergröberter Form wiedergegeben – nicht in falscher Weise als Vorbild in anderen Ländern hingestellt wird oder daß es anderswo zwangsläufig laxistische Tendenzen auslöst oder bestärkt. »Daraus folgt, daß die Botschaft und die Handlungsweise der Kirche in der Frage der Abtreibung in ihrem wesentlichen Gehalt in allen Ländern dieselben sein müssen« (ebd.). Dies ist nicht bestreitbar, darf freilich auch eigene Entwicklungen in den Ortskirchen nicht blockieren oder einebnen. Die Folgen einer solchen weitreichenderen Betrachtung unter dem Aspekt der Wirkung sind gewiß für uns schmerzlich, aber als Teil der Weltkirche dürfen wir gegenüber dieser Sorge auch nicht völlig unsensibel bleiben.

7. Zum Staat-Kirche-Verhältnis

Es ist viel spekuliert worden über die Wirkungen eines »Ausstiegs« hinsichtlich des Verhältnisses zwischen Staat und Kirche. Manchen ist dies hochwillkommen, da sie die Gelegenheit zu einer völligen Trennung unterstützt sehen wollen. Diese globale Sicht ist problematisch. Es ist deutlich geworden, daß man demgegenüber die ganze Frage beschränken und in die richtigen Dimensionen bringen muß. Gewiß geht es um den Ort und die Funktion der Kirche in der Gesellschaft, der sie auf ihre Weise dienen will. Um ihre Botschaft zu vermitteln, braucht die Kirche in der Tat eine eigenständige Position, nämlich um der Klarheit und Reinheit ihrer Botschaft willen. Hier kann es deshalb auch im Namen der ureigenen Sendung der Kirche – gewöhnlich in unseren heutigen Umständen eher im Blick auf Einzelheiten – zu einem Positionswechsel kommen.

Der Papst nimmt »in einem konkreten Punkt« (Nr. 8) einen solchen »Umstieg« (K 3) vor. Er sieht darin nicht einfach eine prinzipielle Distanzierung zwischen Staat und Kirche, auch nicht den Anfang einer grundlegenden Entfremdung. Er will durch eine konkrete Änderung »in einem Punkt« durch den »Widerspruch zur Schärfung des öffentlichen Gewissens« (Nr. 8) beitragen und »damit letztlich auch dem Wohl des Staates« (ebd.) dienen. Das Zitat aus »Evangelium vitae« (Nr. 8) ist hier wichtig: »Das Evangelium vom Leben ist nicht ausschließlich für die Gläubigen da; es ist für alle da.« Die Kirche will damit einen »humanen Staat fördern, einen Staat, der die Verteidigung der Grundrechte der menschlichen Person, besonders der Schwächsten, als seine vorrangige Pflicht anerkennt«. Diese Perspektive versagt nicht den Dienst der Kirche für die Gesellschaft. An einem bestimmten Punkt, hier im Verständnis der Funktion des »Scheins«, wählt sie einen im Verhältnis zum gegenwärtigen gesellschaftlichen Bewußtseinsstand entschieden und bewußt gegenläufigen Trend und glaubt, daß sie durch eine gezielte Alternative ein Signal zum Aufbruch setzen kann für eine Umkehr zu einem überzeugenderen Lebensschutz.

Von einer prinzipiellen Distanz, die einer Ghettoisierung Vorschub leisten würde, kann nicht die Rede sein. Daß dies eine Gefahr im Gefolge des Päpstlichen Schreibens sein kann, wenn es undifferenziert interpretiert wird, will ich nicht leugnen. Es bedarf im Gegenzug eines differenzierten Bildes vom Verhältnis von Gesellschaft, Kirche und Staat.

Diese Perspektiven wollte ich im Sinne einer eigenen persönlichen Bewältigung der entstandenen Situation beitragen, weil sie mich schon lange beschäftigen und weil sie mich trotz des deutlichen Eintretens für die Fortführung des bisherigen Modells nie verlassen, sondern eher verstärkt begleitet haben. Diese Auseinandersetzung war jedoch nicht umsonst für das, was jetzt zu tun gefordert ist und ansteht.

Der Hl. Vater verlangt von uns die Lösung einer sehr spannenden Aufgabe. Wir sollten keinen Schein der bisherigen Art mehr ausstellen, gleichzeitig ersucht er uns aber, »dies auf jeden Fall so zu tun, daß die Kirche auf wirksame Weise in der Beratung der hilfesuchenden Frauen präsent bleibt« (Nr. 7). Diese Aufgabe darf man in ihrer doppelten Dimension nicht auseinanderreißen oder nur nach einer Seite hin auflösen. Man sollte auch nicht von vornherein sagen, dies sei gar nicht möglich – von wem immer eine solche Meinung kommt. Wir sollten uns mit allen Kräften bemühen, einen neuen Weg zu suchen und zu finden. Der Papst bittet uns darum und ermutigt uns.

V. *Ein Lösungsvorschlag für die Zukunft*

1. *Voraussetzungen für Lösungsvorschläge*

Nach meinem Verständnis fallen jene Lösungen fort, die entweder den Status quo nur fortschreiben und den Brief mit seinen Richtlinien ignorieren wollen oder die Bitte des Papstes maximalistisch deuten und darin einen völligen sofortigen Ausstieg aus der gesamten staatlich geregelten Beratung ableiten wollen. Ich erspare mir längere Begründungen, weil diese Position aus den bisherigen Darlegungen hervorgeht. Die Belege sind eindeutig.

Mir ist kein Lösungsvorschlag begegnet, der in Kenntnis des Briefes entwickelt worden ist und einigermaßen so entfaltet ist, daß die Grundlinien deutlich markiert wären. Darum übergehe ich im Augenblick auch den Vorschlag, die bisherige Beratungspraxis durch Laieninitiativen bzw. durch Gründung eigener Vereine und Stiftungen in einem gewissen Abstand von der verfaßten Kirche selbständig fortsetzen zu lassen.

Für einen Lösungsvorschlag bedarf es einiger *Richtpunkte,* die zu beachten sind:

- Eine Verminderung des kirchlichen Einsatzes für den Lebensschutz des ungeborenen Kindes und der Unterstützung der Mutter kommt nicht infrage, auch wenn im gegebenen Fall die finanziellen Ressourcen überprüft und trotz Sparmaßnahmen gesteigert werden müßten. Evtl. müßte man an die Intensivierung kirchlicher Stiftungen denken. Die Mitchristen würden uns hier nicht im Stich lassen.
- Der Brief des Papstes verlangt – recht verstanden – keinen völligen Ausstieg aus dem staatlich anerkannten Beratungssystem. Der Papst verlangt sogar, die darin gegebenen Spielräume »soweit wie möglich« (Nr. 6) zugunsten des Lebens und der Beratung zu nützen. Das Gesetz von 1995 »bietet viele Möglichkeiten, um in

der Beratung präsent zu bleiben« (Nr. 8). Deutlicher geht es nicht mehr. Dies gilt auch und gerade für die Konfliktberatung.

- Diese Präsenz darf nicht von einem »Schein« abhängig gemacht werden, der den Einwänden des Päpstlichen Schreibens nicht gerecht wird. In dieser Hinsicht ist aus den angeführten Gründen ein unverändertes Bleiben in der Konfliktberatung, sofern sie mit diesem Schein verbunden ist, nicht möglich. Es darf auch keine Lösung geben, die dies durch Taktik, Tricks und Kompromisse zu umgehen versucht.

2. *Offene Möglichkeiten der Kirche*

An *positiven Möglichkeiten* ergibt sich folgendes:

- Die Beratungsstelle führt eine Konfliktberatung nach den bisherigen Richtlinien durch, ohne freilich einen Beratungsschein im Sinne von § 219 StGB auszustellen.
- Die Beratungsstelle fertigt nach Abschluß einer Beratung, wenn sie wirklich stattgefunden hat, einen zwar standardisierten, aber an eine konkrete Person adressierten Brief (»Beraterbrief«) aus. In diesem Brief wird festgestellt, daß eine Beratung nach den Richtlinien der Kirche zum Lebensschutz stattgefunden hat. Es wird ausdrücklich vermerkt, daß eine solche Bestätigung nicht im Sinne einer Konfliktberatung nach § 219 StGB, sofern dafür der Beratungsschein erforderlich ist, verwendet werden kann. Die Frau wird eingeladen, nochmals das Ziel des Lebensschutzes des ungeborenen Kindes ins Auge zu fassen und gegebenenfalls nochmals wegen entsprechender Unterstützung zur Beratung zu kommen.
- Damit ist die Beratungstätigkeit der Kirche abgeschlossen. Sie ist eine reine Beratung zum Lebenserhalt ohne jeden anderen, vor allem negativen Nebeneffekt.

3. *Die Rolle des Staates*

Es ist Sache des Staates, sich zu äußern, ob er trotz des Verzichtes des Ausstellens des Scheins im bisherigen Sinne von Seiten der Kirche diese Beratung als Konfliktberatung ansieht. Der Staat müßte von sich aus entscheiden, ob er eine Behörde, z.B. Gesundheitsbehörden oder Sozialamt, beauftragt, aus rein staatlicher Autorität heraus einen solchen Brief als Beratung im Konfliktfall anzunehmen, so daß die Frau keine erneute Beratung braucht. Die Behörde könnte im Sinne eines staatlichen Formalaktes – die Kirche tritt hier in keiner Weise irgendwie ein – einen eigenen Beratungsschein nach § 219 StGB ausstellen, wenn die Frau dies ausdrücklich wünscht.

Es ist jedoch Sache des Staates, sich hierzu zu äußern. Ob der Staat dafür das Gesetz von 1995, die Ländergesetze oder nur Verwaltungsrichtlinien ändern müßte, ist im Augenblick offen. Es kann auch nicht unsere Aufgabe sein, darum besorgt zu sein und sich dazu zu äußern.

4. *Zum weiteren Vorgehen*

Es ist nicht möglich, daß jetzt darüber ein endgültiger Bescheid erfolgt. Wir haben eine solche Idee in anderem Zusammenhang bereits geprüft (Gespräche in Rom, Anregung des Dekans der Rota Pompedda, Gespräch mit dem Heiligen Vater am 27. Mai 1997, Brief von Bischof Heinrich Mussinghoff, Entwurf eines Briefes der Beratungsstelle an die Frau durch Friedrich Kardinal Wetter, Überprüfung einer solchen Möglichkeit im Gespräch mit der Bundesregierung). Aber dies alles stand in einem anderen Kontext. Dort gingen wir weitgehend noch von der Koexistenz des bisherigen Beratungsscheines und eines erläuternden Briefes aus. Das Päpstliche Schreiben sagt mit Recht: »Der positive Text, den Ihr dem von katholischen Stellen ausgestellten Beratungsschein gegeben habt, kann diese widersprüchliche Spannung nicht grundsätzlich beheben« (Nr. 7). Jetzt ginge es nur um den von uns ausgestellten Brief oder um eine andere Lösung.

Wir müßten im jetzigen Augenblick nur erklären, daß wir nicht nur in der staatlich anerkannten Beratung, sondern auch in der Konfliktberatung bleiben, allerdings keinen Schein im Sinne von § 219 StGB ausfertigen. Ein Beraterbrief hätte eine bestätigende Funktion. Nicht mehr und nicht weniger. Der Staat muß entscheiden, ob er diese Beratung anerkennen kann, auch wenn kein »Schein« der bisherigen Art damit verbunden ist.

Eine solche Lösung wirft viele juristische Fragen auf. Sie müßten in einer eigens zu gründenden Arbeitsgruppe geklärt werden. Ich schlage die Bildung einer solchen Arbeitsgruppe vor, die wir in der Frühjahrs-Vollversammlung 1998 in Bad Honnef personell zusammensetzen könnten. Wir wollen die Arbeit dann sehr zügig aufnehmen. Der Heilige Vater hat uns aufgefordert, nach solchen Wegen zu suchen, nur darf es kein »Schein solcher Art« (Nr. 7) sein. Dafür ist uns auch ausreichend Zeit zugesichert, die wir rasch nutzen sollten.

In diesem Sinne möchte ich zur Diskussion über diesen Lösungsvorschlag und vielleicht über andere Vorschläge anregen.

* *Einführender Bericht des Vorsitzenden der Deutschen Bischofskonferenz zum TOP »Schwangerschaftsberatungsstellen« für die Sitzung des Ständigen Rates am 25./26.1.1998 in Würzburg (bislang unveröffentlicht).*

FRIEDRICH KARDINAL WETTER

Stellungnahme des Erzbischofs von München und Freising

Das an die deutschen Bischöfe gerichtete Schreiben von Papst Johannes Paul II. vom 27. Januar 1998 ist eine Ermutigung zum Schutz des Lebens. Es ermutigt alle Menschen in unserem Land, den Schutz der ungeborenen Kinder in einer doppelten Solidarität mit Mutter und Kind offensiv zu vertreten. Dies ist auch in unserer Verfassung grundgelegt und wird durch das Bundesverfassungsgericht eingefordert.

Seit Beginn der Diskussion um den Abtreibungsparagraphen in der Bundesrepublik anfangs der 70er Jahre hat die katholische Kirche auf die menschliche und soziale Not reagiert, die durch Schwangerschaftskonflikte verursacht werden kann. Sie hat mit ihren Einrichtungen und einem erheblichen personellen und materiellen Aufwand seither vielen Frauen helfen können, ja zu ihrem Kind zu sagen. Sie hat sich darum bemüht, die Väter darin zu bestärken, ihr Kind anzunehmen.

Über den Caritasverband und vor allem über einen seiner Fachverbände, den Sozialdienst katholischer Frauen, haben die Bischöfe in großer Übereinstimmung mit den Katholiken eine Beratung für schwangere Frauen in Notsituationen aufgebaut, unterstützt und gefördert. Der qualitative Standard dieser Beratung ist allgemein anerkannt und geschätzt. Es unterliegt keinem Zweifel, daß diese zielgerichtete Beratung dem Schutz der ungeborenen Kinder und damit auch ihren Müttern und Vätern diente und dient.

Die Beratung hat eindeutig das Leben der Kinder, das Wohl der Frauen und die Verantwortung der Väter zum Ziel. Sie spielt die Mutter nicht gegen das Kind und das Kind nicht gegen die Mutter aus. Sie reißt nicht auseinander, sondern führt auch im Konflikt zusammen, was zusammen gehört. Damit dies deutlich bleibt, hat Papst Johannes Paul II. immer wieder gemahnt. Er hat dies jetzt erneut in seinem Brief an die deutschen Bischöfe nicht nur den Katholiken ins Gewissen gegeben.

Der Papst beurteilt die Beratungssituation in unserem Land akzentuiert und sensibel. Er erkennt ausdrücklich die am christlichen Menschenbild orientierte hohe Motivation der in der kirchlichen Schwangerenkonfliktberatung tätigen Frauen an, ebenso die Qualität der von ihnen geleisteten Arbeit. Er ermutigt ausdrücklich dazu, die Arbeit in diesem Geist und auf diesem qualitativen Standard fortzusetzen. Das entspricht auch den Bemühungen der Kirche unseres Landes.

Die Kirche hat stets klar zum Ausdruck gebracht, daß Abtreibung ein schweres Unrecht bleibt und ein schwerer Verstoß gegen die Menschenwürde ist. Sie verweist aber diejenigen Frauen, die sich zu einer Abtreibung genötigt sehen, nicht auf die Anklagebank. Sie hilft über ihre Beratung gerade auch diesen Frauen, die oft unter den seelischen Folgen einer Abtreibung schwer zu leiden haben.

Wir Bischöfe haben immer wieder gesagt, daß wir uns mit dem vom Bundestag verabschiedeten Gesetz nicht abfinden können und daß wir gelegen oder ungelegen für das Lebensrecht der ungeborenen Kinder einstehen werden. Wir werden dies auch dann tun, wenn wir dafür kritisiert und angegriffen werden oder wenn unsere Haltung in der Öffentlichkeit totgeschwiegen wird.

In Bayern sind in enger Anlehnung an das Urteil des Bundesverfassungsgerichtes gesetzliche Voraussetzungen für die Beratung geschaffen worden, um eine ernstzunehmende Beratung zum Leben auch im Rahmen der staatlich anerkannten Schwangerenkonfliktberatung zu ermöglichen.

1. Die Hilfen für Mutter und Kind sind in Bayern vorgeschrieben. In anderen Bundesländern sind sie nur als Angebot oder Information vorgesehen. So gehört es zur Beratung, Schwangere und Mütter mit Kleinkindern auch im Kontakt mit Behörden zu unterstützen. »Zur Geltendmachung von Ansprüchen auf gesetzliche familienfördernde Leistungen sowie zur Unterstützung bei der Wohnungssuche, Kinderbetreuung und Fortsetzung ihrer Ausbildung gehören die Vorbereitung, Einreichung und Verfolgung der notwendigen Anträge« (Bayer. Schwangerenberatungsgesetz Art. 6.1).
2. Die Ärzte in Bayern sind gehalten, zu einer Beratung zum Schutz des Ungeborenen Lebens zu motivieren und bei der Vermittlung eines qualifizierten Beratungsgespräches behilflich zu sein (Bayer. Schwangerenberatungsgesetz Art. 7.2).
3. Auf dem bayerischen Beratungsschein wird nicht nur ausdrücklich festgehalten, daß eine Beratung zum Schutz des Ungeborenen Lebens erfolgt ist, sondern daß Ärzte zusätzlich eine ihnen eigene, dem Lebensschutz dienende Aufklärungs- und Beratungspflicht haben. Diese kann nicht durch eine vorangehende staatlich anerkannte Beratung ersetzt werden. Dadurch unterscheidet sich die in Bayern ausgestellte Beratungsbescheinigung in einer wesentlichen Frage von den in anderen Bundesländern ausgestellten Bescheinigungen.

Die bayerischen Beratungsgesetze sind geeignet, einer in der Öffentlichkeit zweifellos vorhandenen Gefahr wirksam entgegenzutreten, nämlich den wahren Sachverhalt einer Abtreibung, die Tötung eines ungeborenen Menschen, zu verschleiern. Ein offensives Eintreten für den Schutz des Ungeborenen Lebens verlangt, sich dieser Verschleierungsgefahr ständig zu widersetzen. Es muß erkennbar bleiben, daß es bei einer Abtreibung um Leben und Tod eines Menschen geht. Es muß deutlich bleiben, daß eine Abtreibung in unserer geltenden Rechtsordnung ein Unrecht ist.

Der Anteil der Schwangerenberatungsstellen in katholischer Trägerschaft in Bayern im Rahmen der gesetzlichen Schwangerenberatung beträgt 21%. Aber diese Beratungsstellen tragen 40% aller Beratungen. Sie verteilen 63% aller materiellen öffentlichen Fördermittel. Beratung zum Leben und konkrete Hilfen für Mutter und Kind sind in den von der katholischen Kirche getragenen Beratungsstellen auf das engste miteinander verbunden, wie es auch das Bayerische Beratungsgesetz vorsieht und ermöglicht.

Die Bedenken des Papstes gegen eine Verdunkelung des Rechtsbewußtseins in weiten Teilen der Gesellschaft bestehen zu Recht. Sie werden auch von den bayerischen Bischöfen geteilt. Die Kirche unseres Landes bleibt dem Lebensrecht der ungeborenen Kinder ohne Einschränkungen verpflichtet. Sie tritt entschieden allen Versuchen entgegen, die kirchliche Beratung schwangerer Frauen als Teil eines Systems einzuordnen und misszuverstehen, in dem die Entscheidung für oder gegen das Leben gleichwertig auf eine Stufe gestellt werden und als ethisch gleichermaßen gerechtfertigt gelten.

Der Papst hat die eindringliche Bitte an uns gerichtet, Wege der Beratung zu suchen, die keine Zweifel an der Klarheit und Entschiedenheit des Zeugnisses der Kirche und ihrer Beratungsstellen für die ungeborenen Kinder aufkommen lassen. Der Kernsatz des Papstbriefes lautet: »Deshalb möchte ich Euch, liebe Brüder, eindringlich bitten, Wege zu finden, daß ein Schein solcher Art in den kirchlichen oder der Kirche zugeordneten Beratungsstellen nicht mehr ausgestellt wird. Ich ersuche Euch aber, dies auf jeden Fall so zu tun, daß die Kirche auf wirksame Weise in der Beratung der hilfesuchenden Frauen präsent bleibt«. Dieser Bitte werden wir entsprechen.

Die katholische Kirche in Bayern will in Kooperation mit den Verantwortlichen in Staat und Gesellschaft einen Weg suchen, der das klare Ziel hat, ein eindeutiges Konzept zum Schutz des Ungeborenen Lebens in der Schwangerenkonfliktberatung konsequent durchzusetzen.

Wir Bischöfe werden mit Hilfe des Katholischen Büros Bayern mit den Verantwortlichen in Staat und Gesellschaft die notwendigen Gespräche führen. Diese Konsultationen werden im Einvernehmen und in enger Kooperation mit der Caritas, dem Sozialdienst katholischer Frauen, dem Landeskomitee der Katholiken in Bayern, den Diözesanräten der bayerischen Bistümer und den kirchlichen Verbänden vorgenommen. Die Laiengremien treten seit Jahrzehnten in vorbildlicher Weise für den Schutz des Ungeborenen Lebens ein. Sie werden ausdrücklich gebeten, dieses Engagement fortzusetzen und mit neuem Elan anzugehen.

Die katholische Kirche in Bayern ist entschlossen, für die bewährte und seit langem von ihr in der Schwangerenkonfliktberatung praktizierte Solidarität mit Mutter und Kind auch künftig offensiv einzutreten.

Joachim Kardinal Meisner

Presseerklärung des Erzbischofs von Köln

Papst Johannes Paul II. hat in einem Schreiben vom 11. Januar 1998 an die deutschen Bischöfe die Bischöfe eindringlich gebeten, in der Schwangerschaftskonfliktberatung den Beratungsschein nicht mehr auszustellen. Die Gründe dafür sind weithin bekannt: Der Schein stellt zum einen die Bestätigung einer auf den Lebensschutz des Kindes orientierten Beratung dar und ist leider andererseits die notwendige Bedingung einer straffreien Abtreibung. Der Papst ersucht darüber hinaus die deutschen Bischöfe, die Beratung von in Not geratenen schwangeren Frauen zu intensivieren und alle im Beratungsgesetz dafür auffindbaren Spielräume zu nutzen: Frauen wirksam zu beraten, ohne dabei einen solchen Beratungsschein auszustellen.

Es war uns Bischöfen selbstverständlich nicht möglich, bei unseren Beratungen in Würzburg am 26. Januar 1998 solche neuen Möglichkeiten sofort zu beschreiben. Wir werden sobald als möglich eine Arbeitsgruppe dafür einsetzen. Zu gegebener Zeit werden wir dann neue Beratungsrichtlinien in Kraft setzen. Bis dahin werden wir wie bisher unsere Beratungsarbeit zugunsten der ungeborenen Kinder fortsetzen. Die innere Einheit der Bischöfe mit dem Papst und als deren Konsequenz auch untereinander hat uns diese Herausforderung ganz im Sinne unserer Kollegialität im Bischofskollegium bewältigen lassen. Für diese Erfahrung bin ich persönlich sehr dankbar.

Bei unseren Überlegungen ist uns Bischöfen erneut bewußt geworden, daß in unserer Gesellschaft ein Klima entstanden ist, in dem das Lebensrecht des ungeborenen Kindes gegenüber dem

Selbstbestimmungsrecht der Frau kaum eine Chance hat. Man glaubt weithin, es gäbe ein Recht auf Abtreibung. Die vom Gesetzgeber selbst geforderte Überprüfung, ob dieses Gesetz seine lebensschützende Funktion erfüllen kann, ist längst fällig. Die katholische Kirche kann nicht zulassen, daß ihre Bemühungen zum Schutz des ungeborenen Lebens durch eine zwielichtige Gesetzeslage grundsätzlich auch ins Gegenteil umschlagen kann.

Inhalt und Stil des päpstlichen Schreibens lassen eine profunde Kenntnis des Problems erkennen und zeigen eine tiefe Solidarität des Papstes mit der schwierigen Situation der deutschen Bischöfe auf diesem Gebiet.

Köln, den 27. Januar 1998

Bischof Franz Kamphaus

Retten, was zu retten ist *

Wegweisung und Wegbegleitung

Die öffentliche Diskussion über den Verbleib der katholischen Kirche in der Schwangerschaftskonfliktberatung folgt einem Klischee: Der Papst hat den deutschen Bischöfen gesagt, wo's langgeht, und diese folgen seiner Wegweisung – oder sie weigern sich. Den Medien geht es um einen möglichen Streit. In Wirklichkeit geht es ums Leben. Es gilt zu retten, was zu retten ist.

In der strikten Ablehnung der Abtreibung gibt es zwischen dem Papst und den Bischöfen keinen Dissens. Aber mit der klaren Wegweisung allein ist es nicht getan. Untrennbar davon ist die Wegbegleitung der Frauen, die durch ihre Schwangerschaft in Konflikt geraten sind. Hier liegt das Problem: Wie sind die Grundsätze kirchlicher Lehre mit den politischen Gegebenheiten eines Landes und der konkreten Situation von betroffenen Frauen (und Männern!) zu vermitteln? Wie läßt sich Wegweisung und Wegbegleitung, Lehre und Leben im konkreten Fall zusammenhalten?

Sicher nicht nach dem Motto: »Der Wegweiser geht nicht den Weg, den er weist.« Das hat schon Jesus als verlogen gebrandmarkt: »Sie schnüren schwere Lasten zusammen und legen sie den Menschen auf die Schultern, wollen selber aber keinen Finger rühren, um die Lasten zu tragen« (Mt 23,4). – Wie kann man sich also in der Wegbegleitung glaubwürdig engagieren, ohne die eigene Wegweisung in Frage zu stellen? Wo endet der Kompromiß, und wo wird man kompromittiert? Da liegt der Kern der Auseinandersetzung.

I

Zur Erinnerung: Die Neuordnung des Schwangerschaftskonfliktgesetzes 1995 ging von der Frage aus: Wie ist das gefährdete ungeborene Kind am wirksamsten zu schützen, nicht nur in der Theorie, sondern in der Praxis des Lebens? Es hatte sich gezeigt, daß das Drohen mit der Strafe kaum noch etwas bewirkte. Darum vollzog der Gesetzgeber einen Paradigmenwechsel: helfen statt strafen! Wer die Mutter (und den Vater) nicht gewinnt, verliert auch das Kind; alles kommt darauf an, sie zu motivieren, Ja zu ihrem Kind zu sagen. Darum führte man die Pflichtberatung der Schwangeren ein als Weg des Lebensschutzes für das Kind. Die katholische Kirche in Deutschland (ausgenommen das Bistum Fulda) hat bei aller Kritik an der Ausgestaltung des Gesetzes das Beratungskonzept akzeptiert, da es zielorientiert auf den Schutz des Kindes ausgerichtet ist.

Dieses Konzept läßt sich als eine Form der Wegbegleitung begreifen: Eine Schwangere weiß nicht mehr ein noch aus. In dieser verzweifelten Situation kommt es schnell zu Kurzschlußreaktionen, häufig unter dem massiven Druck der Angehörigen. Laut einer empirischen Studie über Deutschlands Männer sind 48 Prozent der Frauen der Meinung, daß Schwangere dann eine Abtreibung durchführen lassen, wenn sie sich von den Vätern/Männern im Stich gelassen fühlen. 37 Prozent geben die Störung der Lebensplanung als Abtreibungsgrund an. Angesichts einer solchen Konfliktlage verpflichtet der Gesetzgeber die Mutter des Kindes, sich an eine Beratungsstelle zu wenden. Die hilft ihr, sich über ihre Motive, Ängste und Sehnsüchte klar zu werden. Sie bemüht sich nach Kräften, die Not- und Konfliktsituation zu überwinden, der Mutter die Verantwortung für ihr Kind vor Augen zu stellen und ihr Perspektiven für das Leben mit ihm zu eröffnen. Das ist in aller Regel mit einer einmaligen Beratung nicht getan. Das erfordert eine intensive, weit über den Augenblick hinausführende Begleitung, die nach einer jüngst ergangenen, bemerkenswerten Entscheidung des Hessischen Verwaltungsgerichtshofes in Kassel ausdrücklich zum Beratungskonzept des Gesetzes gehört.

Die sogenannte Pflichtberatung führt Frauen in kirchliche Beratungsstellen, die sonst nie auf diesen Weg gekommen wären: weil sie in ihrer ausweglos scheinenden Lebenssituation längst resigniert haben, weil sie sich nicht auskennen, weil sie als Ausländerinnen Probleme mit der Verständigung haben. Im Schwangerschaftskonflikt steht nicht etwa die starke Frau gegen das schwache Kind. In der Regel ist auch die Frau in einer schwachen Position: schwach gegenüber einem fordernden Partner oder Angehörigen, schwach in ihrer gesellschaftlichen und wirtschaftlichen Situation.

38 Prozent der deutschen Frauen meinen, daß Eltern dann an eine Abtreibung denken, »wenn sie besorgt sind, daß sie durch ein weiteres Kind verarmen, dieses für sie zu teuer wird« (Männerstudie). In der Beratungssituation geht es um zwei schwache und schutzbedürftige Menschen. Mutter und Kind unterscheiden sich nur in ihren Möglichkeiten, diese Schwäche zur Sprache zu bringen. Die Beraterin hat darum die Pflicht, dem Stummen ihre Stimme zu leihen und das Recht des ungeborenen Kindes zu vertreten. Ist dieser Dienst an den Schwachen und Armen nicht eine vorrangige Option des Evangeliums? Da gibt es für die Kirche nichts zu gewinnen, aber alles zu verlieren.

II

Wenn nur der Beratungsschein nicht wäre! Der Teufel sitzt bekanntlich im Detail. Sitzt er in diesem Schein? Ist der das kleinere Übel oder der große Sündenfall? Rechtlich ist die Sache klar: Mit dem Schein ist die Abtreibung nicht vorentschieden oder gar erlaubt, sie bleibt Unrecht und hängt allein von der Entscheidung der Mutter ab. Der Schein belegt lediglich, daß eine Beratung zum

Schutz des gefährdeten Kindes stattgefunden hat; in der Logik des Beratungskonzeptes bleibt eine mögliche Abtreibung daher straffrei. Bedingung der Straffreiheit ist keineswegs der bloße Schein, sondern eine Beratung, die zum Austragen des Kindes ermutigen und eine Abtreibung gerade verhindern soll. Ist letztlich für die Gegner des Verbleibs in der Konfliktberatung nicht der Beratungsschein, sondern das ganze an die Stelle der Strafandrohung getretene Beratungsschutzkonzept der Stein des Anstoßes?

Zweifellos sind 1995 in die Neugestaltung der Gesetze wichtige Anliegen der Kirche eingegangen, die sich auch im Urteil des Bundesverfassungsgerichtes aus dem Jahre 1993 wiederfinden. So ist es in Deutschland zu einer Regelung gekommen, die den Lebensschutz immer noch besser wahrt als in den allermeisten Ländern der Welt. Das kann nicht über schwere Mängel im Gesetzeswerk hinwegtäuschen, die die Deutsche Bischofskonferenz wiederholt offen benannt hat (Kompromißtext mit Unklarheiten in zentralen Fragen, Verantwortung des Staates für den Lebensschutz wird ausgehöhlt, erweiterte medizinische Indikation inakzeptabel).

Es darf nicht übersehen werden, daß die Abtreibung im öffentlichen Bewußtsein immer weniger als ein Unrecht gegen die Menschenwürde verstanden wird. Nur 31 Prozent der deutschen Frauen sind der Ansicht, daß die derzeitige Gesetzeslage dem ungeborenen Kind mehr hilft als der schwangeren Frau. 29 Prozent der Frauen meinen zudem, »der Beratungsschein erleichtert Abtreibungen« (Männerstudie). In einem solchen Klima kann der Beratungsschein – gegen die mit ihm im Gesetz verbundene Absicht – als der Weg mißverstanden werden, legal abzutreiben, entsprechend der landläufigen Einstellung: »Was nicht bestraft wird, ist erlaubt.« Scheint die Kirche dann schließlich doch im allgemeinen Bewußtsein – ganz gegen ihren erklärten Willen! – in ein Verfahren verwickelt, das zur Tötung unschuldiger Menschen führt? Wird ihre klare Wegweisung nicht durch die noch so gut gemeinte Wegbegleitung konterkariert? Das Dilemma ist offenkundig. Was ist zu tun?

III

Manche sehen im Ausstieg aus dem Gesetzessystem ein klares prophetisches Zeichen, das aufmerken läßt. Ob damit schon ein Ruck durch die Gesellschaft geht, der Nachdenklichkeit weckt und das Gewissen schärft? Die Meinungslage ist (laut Männerstudie) eindeutig. Nur 10 Prozent der Deutschen halten jene Position in der Kirche, ab 1999 keine Beratungsscheine mehr auszustellen, für richtig. Die Option für einen Verbleib im Beratungssystem ist offenkundig. Bei einem Ausstieg würde in unserer hektischen Informationsgesellschaft der Paukenschlag nach einem kurzen Medienecho bald verhallen. Übrig bliebe bei den allermeisten Zeitgenossen die große Enttäuschung darüber, daß die Kirche die Rettung konkreter Menschen abstrakten Prinzipien opfere. Es bliebe vor allem die tiefe Enttäuschung vieler Frauen, die sich in einer verzweifelten Situation im Stich gelassen fühlten. Es bestünde die große Gefahr, daß die Kirche ihr Zeugnis gerade dadurch verdunkelt, daß sie ihren Platz an der Seite dieser Frauen und ihrer Kinder aufgibt.

Demgegenüber wirkt die beständige, mühsame Arbeit der Beraterinnen in den kirchlichen Beratungsstellen nachhaltig. Sie erreichen zumeist Frauen, die in ihrer Entscheidung schwanken. Gerade die einfühlsame und mühsame Kleinarbeit zählt viel – auch für die Glaubwürdigkeit kirchlicher Wegweisung. Und erst recht zählt jedes Kind, dem so das Leben geschenkt wird. Indem die Öffentlichkeit beständig über diese Arbeit informiert wird, kann sich das allgemeine Bewußtsein verändern. Die Behauptung, der Beratungsschein werde weithin als Freibrief für die Abtreibung mißverstanden, ist zunächst nicht mehr als eine Vermutung.

Ihre Tragfähigkeit müßte – wie bei anderen Tatsachenfragen – mit sozialwissenschaftlichen Daten belegt werden. Man kann Probleme auch herbeireden.

IV

Wer im Schlamassel verwickelter Lebenssituationen den Finger rührt, macht sich die Hände dreckig. Er muß mit Mißdeutungen rechnen. Damit ist er noch lange nicht moralisch diskreditiert. Wer in der Wegweisung klar ist, wer aus seinen Prinzipien keinen Hehl macht, kann Menschen nachgehen, die vom Weg abgekommen sind.

Das hat Tim Robbins mit dem preisgekrönten Film *Dead man walking* deutlichgemacht, der auf dem Bericht einer amerikanischen Ordensfrau beruht. Sie besucht einen Gefangenen, der zum Tode verurteilt ist. Obwohl sie eine kompromißlose Gegnerin der Todesstrafe ist, muß sie sich auf das vorgegebene Rechtssystem einlassen, um den zu erreichen, der dem Tode entgegengeht. Wegen ihres Einsatzes wird sie in der Öffentlichkeit beschimpft. Aber hätte sie den grausamen Täter, der seine Opfer vergewaltigt und schließlich ermordet hatte, alleinlassen sollen? Ist sie durch ihr Verhalten in ein System verwickelt, das die Todesstrafe rechtfertigt? Ist sie moralisch kompromittiert? Das Gegenteil ist der Fall!

Solchen Konflikten haben sich Seelsorger immer wieder ausgesetzt, sei es in der Betreuung von Sklaven, sei es in der Militärseelsorge, gleich ob in Vietnam, am Golf oder in Hitlers Wehrmacht. Das hat sie stets angreifbar gemacht und ihnen massive Kritik eingebracht. Ist der Papst dadurch moralisch desavouiert, daß er nach Kuba reist und sich auf das menschenverachtende System einläßt, um zu retten, was zu retten ist? Offenkundig nicht!

Weiter: Wie soll sich die Kirche zur staatlich geregelten Ehescheidung verhalten? Sagt sie einfach nur nein dazu? Was wäre, wenn der Gesetzgeber zum Schutz der Ehe und der Familie auf den Gedanken käme, jeder gerichtlichen Ehescheidung eine Pflichtberatung – zielorientiert auf den Erhalt der Ehe – vorangehen zu lassen? Zur Dokumentation der Beratung müßte ein Schein ausgefüllt werden. Würde die katholische Kirche sich einer solchen Initiative des Gesetzgebers verschließen, um ja nicht den Eindruck zu erwecken, Ehescheidungen und das Auseinanderbrechen von Ehen zu begünstigen, oder würde sie – der gleichen Zielsetzung wie der Gesetzgeber verpflichtet – diese Möglichkeit ergreifen? Würde ihr Eintreten für Ehe und Familie durch die Verweigerung der Mitwirkung an der Durchführung eines solchen Gesetzes glaubwürdiger? Wohl kaum. Tatsächlich ist die Kirche durch ihre staatlich anerkannten Erziehungs- und Eheberatungsstellen bei Trennungs- und Scheidungsfragen beteiligt.

Wer meint, mit dem Rückzug aus der Schwangerschaftskonfliktberatung wieder auf festem Terrain zu stehen, der täuscht sich. Der Boden schwankt auch dort. Wer den Beratungsschein nach § 7 des Schwangerschaftskonfliktgesetzes nicht ausstellt und nur nach § 2 dieses Gesetzes berät, muß nicht nur über Sexualaufklärung, Familienplanung und Empfängnisverhütung informieren, sondern auch über die Methoden zur Durchführung eines Schwangerschaftsabbruchs. Auch hier gibt es also vom Gesetz her erhebliche Konflikte mit der kirchlichen Lehre. Das staatliche Gesetz und das Sittengesetz, wie es die Kirche aus Vernunft und Offenbarung ableitet, stehen faktisch nicht immer im Einklang.

V

Der schwankende Boden ist das Problem der Verkündigung des Reiches Gottes in einer sündigen Welt. Die Verkündiger selbst gehören zu ihr. Wir haben in dieser Welt und für sie die Botschaft Jesu weiterzusagen, sie uns selbst hinter die Ohren und in die Praxis schreiben zu lassen. Wir können uns keine andere Welt aussuchen und sollen es auch nicht. In bestimmten Situationen kann von uns deshalb nur gefordert sein, von zwei oder mehreren Übeln das geringere zu wählen; wir können nicht das Übel generell abschaffen. Die reine Lehre trifft oft genug auf eine äußerst schmutzige Realität. Not-Lösungen sind da in der Regel besser als gar keine.

Aber, so wird man einwenden, es gibt Grenzen der Güterabwägung, zum Beispiel, wenn es um das Leben eines anderen Menschen geht. Das muß unantastbar bleiben. Wo kämen wir hin, wenn auf der Waagschale der Güterabwägung Menschenleben geopfert würden? In der Tat! Aber eben das geschieht durch die Teilnahme der Kirche an der Schwangerschaftskonfliktberatung im Rahmen des staatlichen Rechtes nicht. Sie nimmt nicht die Tötung von Menschenleben in Kauf, sondern versucht zu retten, was zu retten ist. Dabei riskiert sie freilich Mißdeutungen ihres Tuns, die sie jedoch beständig durch eindeutige Aussagen korrigiert.

Es gibt in unserer Gesellschaft nicht nur einzelne moralisch angreifbare Gesetze und Institutionen. Die Gesellschaft selbst ist vom Zwiespalt zwischen moralischen Ansprüchen und ihrer Verwirklichung gezeichnet. Kann jemand, der sich auf eine solche Gesellschaft einläßt, reine Hände behalten? Der jüdische Religionsphilosoph Franz Rosenzweig vergleicht diese Situation mit Münchhausen, der mit seinem Pferd im Sumpf steckt. Festen Boden unter den Füßen hat keiner, sich selbst herausziehen kann keiner. Nur weil »die große Hand von oben« uns hält, können wir uns gegenseitig aus dem Sumpf herausziehen »oder vielmehr vor dem Versinken bewahren«. »Es gibt kein Stehen, nur ein Getragenwerden«, schreibt Rosenzweig.

Wer daran arbeitet, daß die Welt nicht schlechter wird, sich gar zum Besseren verändert, der muß sich ihr stellen. Er muß sich auf kaum zu lösende Lebenssituationen einlassen und Wegbegleitung anbieten, auch auf die Gefahr hin, daß jemand der Wegweisung nicht folgt. Können wir ertragen, daß wir in der Vermittlung dessen, was uns heilig ist, auch scheitern? Oder wollen wir nur die Durchsetzungsfähigen sein, die sich dort engagieren, wo sie Erfolg erwarten können und »rein« bleiben?

Appelle und moralische Kommandos richten wenig aus. Ihr Gedonner lähmt zumeist den Willen, überhaupt etwas zu tun. Wir werden die Verhältnisse nur dann zum Besseren wenden, wenn wir dazu Wege aufzeigen und sie beratend mitgehen. »Der Mensch ist der Weg der Kirche«, sagte der Papst in seiner ersten Enzyklika.

* *Eine gekürzte Fassung dieses Textes erschien am 2.9.1998 in der Süddeutschen Zeitung.*

BISCHOF HERMANN JOSEF SPITAL

Stellungnahme zum Schreiben des Papstes zu den kirchlichen Schwangerschaftskonfliktberatungsstellen *

1. Der Heilige Vater hat uns Bischöfen einen verstehenden und brüderlichen Brief geschrieben, der um die nicht leichte Problematik und die verschiedenen Positionen in unserer Kirche weiß. Es handelt sich also nicht um ein Dekret und auch nicht um ein Lehrschreiben oder eine Anordnung; es handelt sich vielmehr um ein menschlich sehr sensibles, mit den Schwierigkeiten der Sachlage vertrautes, verstehendes Dokument, das in echter Mitsorge geschrieben ist.

2. Angesichts der außerordentlich intensiven Diskussion in den Medien und angesichts des gerade gekennzeichneten Stils des päpstlichen Schreibens scheint es mir wichtig zu sein, einmal darauf hinzuweisen, was der Papst nicht gesagt hat.

Er hat nicht gesagt, daß die in der Schwangerschaftskonfliktberatung tätigen Beraterinnen und Berater Beihilfe zur Tötung unschuldigen Lebens leisten, statt dessen hat er den Einsatz der katholischen Beraterinnen der Caritas und des Sozialdienstes katholischer Frauen sowie einiger anderer Beratungsstellen ausdrücklich positiv hervorgehoben. Er dankt ihnen für ihr Engagement und bittet sie, weiterhin für jene zu kämpfen, die keine Stimme haben und ihr Lebensrecht noch nicht selber verteidigen können.

Er hat auch nicht gesagt, daß wir katholischen Bischöfe uns eines zu geringen Ernstes oder gar einer Laxheit im Umgehen mit der schwierigen Problematik schuldig gemacht hätten, vielmehr schreibt er: »Eure Bischofskonferenz setzt sich seit Jahrzehnten in unmißverständlicher Weise ein, um die Botschaft von der unantastbaren Würde des menschlichen Lebens in Wort und Tat zu bezeugen.«

Schon gar nicht hat er den Beratungsschein als »Tötungslizenz« bezeichnet; wenn er den Beratungsschein als eine solche verstehen würde, hätte er die Ausstellung mit Sicherheit sofort verboten und verbieten müssen.

Wie gesagt: All das hat der Papst nicht geschrieben; ich hoffe darum, daß derlei Vorwürfe in Zukunft nicht mehr erhoben werden – weder aus der Öffentlichkeit noch aus dem innerkirchlichen Raum.

3. Der Papst kommt auf die verschiedenen Gespräche, die in den letzten Jahren in Rom stattgefunden haben und zu deren letztem die ganze Bischofskonferenz eingeladen war, zu sprechen; er stellt das »Dilemma« dar, welches darin besteht, ... daß die Bescheinigung die Beratung zugunsten des Lebensschutzes bestätigt, aber zugleich die notwendige Bedingung für die straffreie Durchführung der Abtreibung bleibt, auch wenn sie gewiß nicht deren entscheidende Ursache ist«.

Und dann formuliert er das eigentliche Anliegen: »Deshalb möchte ich Euch, liebe Brüder, eindringlich bitten, Wege zu finden, daß ein Schein solcher Art in den kirchlichen oder der Kirche zugeordneten Beratungsstellen nicht mehr ausgestellt wird. Ich ersuche Euch aber, dies auf jeden Fall so zu tun, daß die Kirche auf wirksame Weise in der Beratung der hilfesuchenden Frauen präsent bleibt.«

Genaugenommen bittet uns der Heilige Vater also um ein Doppeltes – wir sollen Wege finden, daß ein Schein solcher Art in den kirchlichen oder der Kirche zugeordneten Beratungsstellen nicht mehr ausgestellt wird. Zum zweiten aber sollen wir dies »auf jeden Fall« so tun, daß die Kirche auf wirksame Weise in der Beratung der hilfesuchenden Frauen präsent bleibt.

4. Es handelt sich um eine sehr entschiedene Bitte; wenn der Heilige Vater so bittet, kann man das nicht überhören. Diese Bitte hat aber eben nicht nur ein Ziel – nämlich die Nichtausstellung des Beratungsscheins –, sondern der von uns zu findende Weg soll gleichzeitig auf jeden Fall sicherstellen, daß die Kirche auf wirksame Weise in der Beratung der hilfesuchenden Frauen präsent bleibt.

5. Wenn der Papst diese doppelte Bitte äußerte, so liegt darin ein Beweis dafür, daß er um unser Dilemma weiß, ich muß es jetzt in aller Knappheit darstellen.

Wie Sie wissen, hat sich ein Bistum in Deutschland vor einigen Jahren entschieden, keine Beratungsscheine mehr auszustellen, die Beratung aber weiterzuführen. Nun wird in allen katholischen Beratungsstellen eine Strichliste geführt, aus welcher zu sehen ist, welches die eigentlichen Gründe der Frauen für ihren Weg zur Beratungsstelle sind. Etwa 80 Prozent der Frauen haben sich innerlich bereits entschieden, ihr Kind zur Welt zu bringen; sie möchten aber die Beratung haben in Erziehungs- und Beziehungsproblemen, sie möchten wirtschaftliche oder soziale Hilfe erhalten.

Circa 20 Prozent der Frauen, die zu unseren Beratungsstellen kommen, sind im Zweifel darüber, ob sie ihren Konflikt durch eine Abtreibung lösen sollen oder nicht.

Nun hat sich in den ersten fünfviertel Jahren nach der Nichtausstellung der Beratungsscheine in dem erwähnten Bistum die Zahl der Mütter, die in diesem »eigentlichen Schwangerschaftskonflikt«, wo es um Tod oder Leben des Kindes geht, die Beratungsstelle aufsuchen, auf 0,8 Prozent verringert – das heißt: die Frauen, die unsere Beratung am dringendsten brauchen, sind gar nicht mehr zu einer katholischen Beratungsstelle gegangen, sondern haben andere Stellen aufgesucht.

Ich nenne die statistischen Zahlen aus unserem Bistum für das Jahr 1996. Bei uns sind insgesamt 7.283 Frauen in die katholischen Beratungsstellen gekommen; davon trugen sich 1.066 (15 Prozent) dieser Frauen mit dem Gedanken, ihr Kind abzutreiben.

Von diesen 1.066 Frauen haben 216 (20,3 Prozent) nicht abgetrieben – wie wir sicher wissen.

Die aufgezeigten Zahlen kennzeichnen unser Dilemma: Sollen wir riskieren, daß so viele Frauen durch die Nichtausstellung des Beratungsscheines gar nicht mehr erst zu unseren Beratungsstellen kommen – obwohl doch erfahrungsgemäß viele von ihnen umgestimmt werden konnten; oder sollen wir uns lieber aus diesem ganzen Prozeß heraushalten? Viele von uns würden sich der »unterlassenen Hilfeleistung« schuldig wissen, wenn sie diesen Frauen praktisch den Weg zur Beratungsstelle verwehren würden – ob nun beabsichtigt oder nicht.

Es ging also um die Frage, welches das »kleinere Übel« ist – die von niemandem von uns bestrittene »Zweideutigkeit der Ausstellung des Beratungsscheines« oder eben das praktische Nichterreichen der Frauen, die besonders dringend auf unsere Beratung angewiesen sind.

Das Papstschreiben erweist, daß der Heilige Vater um dieses Dilemma weiß und uns keineswegs hinsichtlich unserer bisherigen Praxis verurteilt; allerdings kommt er im Blick auf die Weltkirche zu dem Urteil, daß »hier eine Zweideutigkeit besteht, welche die Klarheit und Entschiedenheit des Zeugnisses der Kirche und ihrer Beratungsstellen verdunkelt«. Darum äußert er die oben angeführte Bitte.

6. Wir Bischöfe haben auf der Sitzung des Ständigen Rates am 25./26. Januar 1998 beschlossen, eine Arbeitsgruppe einzusetzen.

Ihr wird die Aufgabe erteilt, genauer nach möglichen neuen Wegen zu suchen, die dem Anliegen des Papstes und unserem Anliegen entsprechen – daß zwar kein solcher Beratungsschein ausgestellt wird und trotzdem die Kirche auf wirksame Weise in der Beratung hilfesuchender Frauen präsent bleibt. Hier möchte ich appellieren an die Politiker aus Regierung und Parteien, uns bei der Wegsuche zu helfen; denn der Staat kann nicht aus seiner Verantwortung für das ungeborene Leben entlassen werden.

Wir werden zu gegebener Zeit eine entsprechende Neufassung der Ordnung unserer Beratungsstellen in Kraft setzen – so heißt es in der gemeinsamen Erklärung des Ständigen Rates.

7. Bis die Ergebnisse dieser Arbeitsgruppe vorliegen, bleibt also im Bistum Trier alles so, wie es bisher gewesen ist. Eines allerdings würde ich mir mit aller Eindringlichkeit wünschen: Mühen wir uns gemeinsam um eine Änderung des gesellschaftlichen Klimas in unserem Land zugunsten der ungeborenen Kinder. Diese steht ohne Zweifel aus; man muß sich sogar fragen, ob seit dem Erscheinen des neuen Gesetzes im Jahr 1995 das Klima sich nicht eher verschlechtert hat.

Und eine zweite Bitte möchte ich ebenso eindringlich wiederholen: Gehen wir jetzt gemeinsam und in gegenseitiger Achtung an die uns gestellte Aufgabe. Hören wir endlich auf, andere wegen ihrer anderen Auffassung in diesem »Dilemma« anzugreifen und zu diffamieren: Das sollte unter Christen, die ihren Glauben ernst nehmen, unmöglich sein.

Trier, 26. Januar 1998
\+ Hermann Josef Spital
Bischof von Trier

* *Erstveröffentlichung in: Kirchliches Amtsblatt für das Bistum Trier / Nr. 4 vom 15.2.1998.*

Die Schwangerschaftskonfliktberatung fortsetzen *

Zu dem Brief des Heiligen Vaters an die Bischöfe in Deutschland zur Frage der Zuordnung katholischer Beratungsstellen zur Schwangerschaftskonfliktberatung auf gesetzlicher Grundlage erklärt das Präsidium des Zentralkomitees der deutschen Katholiken (ZdK):

Das Präsidium des Zentralkomitees der deutschen Katholiken versteht das Schreiben des Heiligen Vaters vom 11. Januar 1998 an die Bischöfe in Deutschland zur Frage der Zuordnung katholischer Beratungsstellen zur Schwangerschaftskonfliktberatung auf gesetzlicher Grundlage, insbesondere zur Ausstellung einer Beratungsbescheinigung, als Auftrag. Der Heilige Vater vertraut darauf, daß wir deutschen Katholiken mit den vielfältigen Möglichkeiten unserer Institutionen und Organisationen, »mit dem reichen Potential an intellektuellen Kräften wie an Innovationsfähigkeit und Kreativität Wege finden …, die Präsenz der Kirche in der Beratung nicht nur nicht vermindern zu lassen, sondern noch zu verstärken«.

Wenn der Heilige Vater im Zusammenhang mit der Beratungsbescheinigung eine »widersprüchliche Spannung« sieht und feststellt, daß durch die Beratungsbescheinigung die Beraterinnen und damit die Kirche »in den Vollzug eines Gesetzes verwickelt« werden, der auch zu Abtreibungen führt, wenn der Heilige Vater von einer »Zweideutigkeit« der Beratungsbescheinigung spricht, »welche die Klarheit und Entschiedenheit des Zeugnisses der Kirche und ihrer Beratungsstellen verdunkelt«, so handelt es sich hierbei um Bedenken, mit denen sich das Zentralkomitee der deutschen Katholiken auch in der Vergangenheit mit großem Ernst auseinandergesetzt hat.

Da der Heilige Vater keine Weisung erteilt, aus der gesetzlich geregelten Schwangerschaftskonfliktberatung auszusteigen, vielmehr eindringlich darum bittet »Wege zu finden, daß ein Schein solcher Art in den kirchlichen oder der Kirche zugeordneten Beratungsstellen nicht mehr ausgestellt wird« und »dies auf jeden Fall so zu tun, daß die Kirche auf wirksame Weise in der Beratung der hilfesuchenden Frauen präsent bleibt«, tritt das Präsidium des Zentralkomitees der deutschen Katholiken dafür ein, gemeinsam mit den Bischöfen und Politikern aus Regierungen und Parteien Wege zu suchen, die es den katholischen Beratungsstellen ermöglichen, ohne Ausstellung der Beratungsbescheinigung in der derzeitigen Form in der Schwangerschaftskonfliktberatung auf gesetzlicher Grundlage zu verbleiben. Wenn alle Beteiligten sich ehrlich und ernsthaft bemühen, solche Wege zu eröffnen, dann dürfte der endgültige Verbleib katholischer Beratungsstellen im gesetzlichen Beratungssystem als gesichert gelten. Dies kann jedoch nur unter der Voraussetzung gelingen, daß das Zentralkomitee der deutschen Katholiken und die Deutsche Bischofskonferenz einmütig nach solchen Wegen suchen. Das Präsidium des Zentralkomitees dankt dem Ständigen Rat der Bischofskonferenz für seine Erklärung vom heutigen Tage, die uns in unserem Bemühen um ein gemeinsames Vorgehen bestärkt.

Die öffentliche Diskussion über Ausstieg oder Verbleib der Kirche im gesetzlichen System der Schwangerschaftskonfliktberatung hat deutlich gemacht, wie sehr die katholischen Beratungsstellen in unserem Land geschätzt werden, und daß die Tätigkeit katholischer Beraterinnen im deutschen Lebensschutzkonzept unverzichtbar erscheint. Mit Dankbarkeit hat das Präsidium des Zentralkomitees der deutschen Katholiken zur Kenntnis genommen, daß Politiker aus allen relevanten Parteien mit großer Eindringlichkeit den kirchlichen Verbleib im gesetzlichen Beratungssystem erbeten, ja gefordert haben. Das Zentralkomitee ist zuversichtlich, daß diese Politiker und ihre Parteien das Suchen nach geeigneten Möglichkeiten für einen Verbleib katholischer Beratungsstellen im gesetzlichen Schwangerschaftskonfliktberatungssystem ohne die Ausstellung einer Beratungsbescheinigung der bisherigen Art unterstützen werden. Es ist denkbar, die Beratung deutlicher von der ausschließlich staatlichen Verantwortlichkeit für Fragen des Strafrechts abzuheben; es ist aber auch denkbar, auf andere Weise als jetzt die Tatsache der Beratung, ihren Inhalt, die Beteiligten und den Zeitpunkt nachzuweisen. Das Zentralkomitee der deutschen Katholiken bittet die Bundesregierung und die Länderregierungen sowie die Parteien, an der Lösung dieses Problems mitzuwirken.

Wenn es gelingt, den Verbleib katholischer Beratungsstellen im gesetzlichen System der Schwangerschaftskonfliktberatung sicherzustellen, erübrigt sich die Überlegung, die Schwangerschaftskonfliktberatung in veränderten Organisationsformen fortzuführen. Vorsorglich unterstreicht aber das Präsidium die Anregung des Präsidenten des Zentralkomitees der deutschen Katholiken in seinem Brief vom 21. Januar 1998 an die Bischöfe in Deutschland »zu prüfen, ob die Schwangerschaftskonflikberatung auch in eigener Verantwortung der Beratungsstellen, der sie tragenden Organisationen sowie der Katholiken, die sie finanziell fördern, durchgeführt werden kann«. Sicherlich trifft diese Prüfung auf komplizierte und schwierige Fragen. Ein Denken in eingefahrenen Gleisen würde jedoch der Herausforderung nicht gerecht.

Das Zentralkomitee der deutschen Katholiken bittet alle Bürgerinnen und Bürger unseres Landes, unser kirchliches Ringen um den richtigen Weg als Ausdruck unseres engagierten Eintretens für ungeborene Kinder und für Frauen in Konfliktschwangerschaften zu verstehen. Wir wollen im gesetzlich geregelten Lebensschutzkonzept in Deutschland den Beitrag leisten, den die meisten unserer Mitmenschen von uns katholischen Christen erwarten und zu dem wir uns im Gewissen verpflichtet fühlen.

* *Quelle: ZdK-Mitteilungen (479/98) vom 27.1.1998.*

Deutscher Caritasverband

Stellungnahme

zur Situation der katholischen Schwangerschaftskonfliktberatungsstellen

Der Zentralvorstand des Deutschen Caritasverbandes hat sich bei seiner Sitzung am 27. Januar 1998 eingehend mit der Erklärung des Ständigen Rates der Deutschen Bischofskonferenz zu dem Schreiben von Papst Johannes Paul II. sowie den sich daraus ergebenden Konsequenzen befaßt. Im Namen des Deutschen Caritasverbandes nimmt er folgendermaßen Stellung.

Der Deutsche Caritasverband will die Fortsetzung seiner Beratungsarbeit gemeinsam mit dem Sozialdienst katholischer Frauen auf der Grundlage der Vorläufigen Bischöflichen Richtlinien. Er ist der Überzeugung, daß auf diese Weise dem Schutz des ungeborenen menschlichen Lebens wirksam gedient werden kann und Frauen in diesen schwerwiegenden Konfliktsituationen erreicht werden. Der Deutsche Caritasverband begrüßt die Erklärung des Ständigen Rates der Deutschen Bischofskonferenz, die dies ermöglicht. Er dankt den Bischöfen Deutschlands für ihren unermüdlichen Einsatz für den Schutz des ungeborenen Lebens, wie er seit Jahrzehnten in unserer Gesellschaft sichtbar wird. Der Deutsche Caritasverband ist gemeinsam mit ihnen der Ansicht, daß die derzeit geltende gesetzliche Regelung den Lebensschutz nicht optimal gewährleistet, und ist – wie auch bisher schon – bereit, an der Entwicklung von Verbesserungen mitzuwirken.

Die Beraterinnen bezeugen durch ihre Tätigkeit den Dienst der Kirche für das Leben. Der Deutsche Caritasverband dankt ihnen für ihre qualifizierte Arbeit, die große öffentliche Wertschätzung erfährt, und bittet sie weiterhin um ihren Einsatz. Er bedeutet für ungezählte Frauen eine entscheidende Hilfe in einer der schwierigsten Situationen ihres Lebens. Dieser Dienst ermöglicht Leben. Er wird von den ratsuchenden Frauen angenommen; dies zeigt die ständig steigende Inanspruchnahme deutlich.

Der Deutsche Caritasverband fordert alle, die jetzt die Qualität seiner Beratungsarbeit hervorheben, dazu auf, zu einer Verbesserung des gesellschaftlichen Klimas zum Lebensschutz beizutragen und an einer Lösung mitzuwirken, die auch in Zukunft die Arbeit der katholischen Schwangerschaftskonfliktberatung auf gesetzlicher Grundlage ermöglicht und den Frauen den Zugang zu dieser Hilfe nicht verwehrt.

Freiburg, den 27. Januar 1998

Sozialdienst katholischer Frauen

Stellungnahme

zur Situation der katholischen Schwangerschaftskonfliktberatungsstellen

Der Ständige Rat der Deutschen Bischofskonferenz hat sich bei seiner Sitzung am 25./26. Januar 1998 mit dem Schreiben von Papst Johannes Paul II. vom 11. Januar 1998 zu den kirchlichen Schwangerschaftskonfliktberatungsstellen befaßt.

Die Bundeszentrale des Sozialdienst katholischer Frauen begrüßt die Aussagen des Papstes zur vorbildlichen und wegweisenden Arbeit der katholischen Schwangerschaftsberatungsstellen im staatlichen System. Der Sozialdienst katholischer Frauen und der Deutsche Caritasverband als Träger dieser Beratungsstellen sind dadurch bestärkt, auch weiterhin – wie bisher – Frauen, die sich wegen ihrer Schwangerschaft in einer Not- und Konfliktlage befinden, zu beraten. Sie tun dies auf der Grundlage der geltenden gesetzlichen Bestimmungen, der »Vorläufigen Bischöflichen Richtlinien« vom November 1995 sowie der Erklärung des Ständigen Rates der Deutschen Bischofskonferenz vom 26. Januar 1998. Hierin betonen die Bischöfe: »Von einer Aufforderung, aus der gesetzlichen Beratung auszusteigen, kann (...) keine Rede sein.« Des weiteren sichern sie zu, daß »keine Abstriche im Angebot und in der Qualität der Beratung für schwangere Mütter in Not« gemacht werden sollen und die öffentliche Präsenz katholischer Beratungsstellen in der Schwangerenberatung erhalten bleibt.

Der SkF entnimmt der Erklärung des Ständigen Rates die unmißverständliche Absicht, die Beratung im gesetzlichen System fortzusetzen.

Die derzeitig erforderliche Beratungsbescheinigung wird vom Papst als »Dilemma« bezeichnet. Deshalb bittet der Papst »Wege zu finden, daß ein Schein solcher Art in den kirchlichen (...) Beratungsstellen nicht mehr ausgestellt wird. Ich ersuche Euch aber, dies auf jeden Fall so zu tun, daß die Kirche auf wirksame Weise in der Beratung der hilfesuchenden Frauen präsent bleibt«.

Wir verstehen diese Bitte so, daß es um eine Klärung des »Anscheins der Zweideutigkeit« (Erklärung des Ständigen Rates) dieses Scheins geht, insofern er nicht nur als Nachweis über eine Beratung zum Leben verstanden wird, sondern zu mißverstehen sein könnte als Rechtfertigung für einen Schwangerschaftsabbruch.

Klarstellungen sind immer begrüßenswert, zumal wir selbst auf die mangelnde öffentliche Kenntnis von der Wirkungsweise des Gesetzes hingewiesen haben.

Als ein Träger der katholischen Beratungsstellen wird der Sozialdienst katholischer Frauen gemeinsam mit dem Deutschen Caritasverband den engen Kontakt zu den Bischöfen suchen, um diesen Prozeß zu begleiten, mitzugestalten und zu einer für alle überzeugenden abschließenden Klärung zu bringen. Dies um so mehr, als die vergangenen Diskussionen bei den Frauen, den Beraterinnen und in der Öffentlichkeit insgesamt zu starken Verunsicherungen geführt haben.

Wir danken an dieser Stelle ausdrücklich unseren Beraterinnen, die trotz der Belastung, die die Diskussion um die »Moralität« des Beratungsnachweises für sie auch persönlich bedeutet, ihre Arbeit mit hoher Fachlichkeit und großem Engagement für Frauen in einer sehr schwierigen Lage ihres Lebens leisten.

Aufgrund unserer täglichen Erfahrungen sind wir davon überzeugt, daß in der Beratung Prozesse in Gang gebracht werden, die Frauen im Konflikt, ihre Partner und ihr soziales Umfeld nachhaltig berühren und ihnen helfen, zu einer Entscheidung zu kommen, die sie ihr Leben hindurch tragen und verantworten können.

Die in den letzten Tagen und Wochen vielfach geäußerte Sorge, daß sich die katholische Kirche aus dem wichtigen Bereich der Konfliktberatung zurückziehen könnte, hat deutlich gemacht, daß in katholischen Beratungsstellen anerkanntermaßen ein vorbildlicher und unverzichtbarer Dienst geleistet wird. In dem Schreiben wird ausdrücklich formuliert, »daß die Kirche in dieser Frage – um der ungeborenen Kinder willen – die vom Staat eröffneten Spielräume zugunsten des Lebens und der Beratung soweit wie möglich nützen muß und nicht die Verantwortung auf sich nehmen kann, mögliche Hilfeleistungen unterlassen zu haben«.

Wir gehen davon aus, daß sich an der bestehenden Beratungspraxis nichts ändert, bis eine bessere Lösung gefunden ist. Das bedeutet, daß katholische Beratungsstellen weiterhin in vollem Umfang auf der gesetzlichen Grundlage beraten und der Frau auf Wunsch einen Nachweis über die erfolgte Beratung ausstellen.

Dortmund, den 27. Januar 1998

Präses Manfred Kock

Stellungnahme des Vorsitzenden des Rates der EKD

Der Vorsitzende des Rates der EKD, Präses Manfred Kock, hat zu dem päpstlichen Schreiben über die Beteiligung an der Schwangerschaftskonfliktberatung folgendermaßen Stellung genommen:

Die evangelische Kirche wird sich weiterhin an der gesetzlich vorgeschriebenen Schwangerschaftskonfliktberatung beteiligen. Sie sieht in der Pflichtberatung eine bleibende Chance, Frauen in einer besonders schweren Konfliktsituation beizustehen und dem Schutz des ungeborenen Lebens zu dienen.

Die Frage nach der Mitschuld an der Tötung ungeborenen Lebens ist von beunruhigender Aktualität. Aber es ist eine verkürzte Betrachtung, sie an der Ausstellung der Beratungsbescheinigung festzumachen. Oft sind es die Lebensbedingungen in Familien, der Druck von Partnern oder fehlende Lebensperspektiven, die zur Krise und zu Konflikten bei einer Schwangerschaft führen. Dann bietet die Beratung für viele Frauen eine gute, vielleicht die einzige Gelegenheit, diese Konflikte ohne Druck von außen noch einmal zu überdenken.

Frauen brauchen Ermutigung, Zeit und Raum für eine verantwortliche Entscheidung. Sie erwarten Anteilnahme an ihrer schweren Situation, und sie brauchen die Zusage, daß sie in diesem Konflikt nicht außerhalb der Liebe Gottes stehen. Die Mitwirkung an der gesetzlich vorgeschriebenen Schwangerschaftskonfliktberatung ist erwiesenermaßen eine unersetzliche Gelegenheit, die Chancen für die Austragung eines zunächst ungewollten Kindes zu verbessern. Die evangelische Kirche bietet die Beratung mit dem Ziel an, die Bereitschaft der schwangeren Frau zur Annahme des ungeborenen Lebens zu erhalten, zu stärken oder zu wecken. Sie versteht ihre weitere Beteiligung am System der Pflichtberatung als Ausdruck christlicher Verantwortung.

Die römisch-katholische Kirche in Deutschland ist durch das jetzt veröffentlichte päpstliche Schreiben in eine schwierige Lage gebracht worden. Das Schreiben engt, auch ohne daß es die höchste lehramtliche Autorität in Anspruch nimmt, den Beurteilungs- und Handlungsspielraum der deutschen Bischöfe erheblich ein. Dies bedeutet, daß auch in einer Frage, die der Verantwortung und der pastoralen Klugheit der örtlichen Kirche überlassen bleiben könnte, die zentralistische Entscheidung in den Vordergrund tritt. Aus der Perspektive des reformatorischen Kirchenverständnisses ist das ein beunruhigender Vorgang. Der Papst hat in seiner Ökumeneenzyklika von 1995 dafür geworben, das Amt des Bischofs von Rom als einen Vorsitz in der Wahrheit und der Liebe und als einen Dienst an der Einheit zu verstehen. Damit können evangelische Christen das jüngste päpstliche Schreiben nicht in Einklang bringen.

Ich hoffe, die deutschen Bischöfe sehen noch Spielräume, um die bewährte Arbeit der von der römisch-katholischen Kirche getragenen Beratungsstellen innerhalb des Systems der Pflichtberatung fortzusetzen. Ihr Rückzug aus diesem System würde die Kräfte, die sich für das ungeborene Leben einsetzen, empfindlich schwächen. Die Schwangerschaftskonfliktberatung ist bisher eines derjenigen Felder, auf denen Staat und Kirche partnerschaftlich zusammenarbeiten. Eine solche Kultur der Zusammenarbeit bedarf der Pflege.

Den christlichen Kirchen bleibt es aufgegeben, die Gemeinsamkeit ihres Zeugnisses für das Evangelium des Lebens zu verbreitern und zu vertiefen. Die evangelische Kirche ist bestrebt, daß die Zusammenarbeit beim Schutz des ungeborenen Lebens, wie sie sich in der Erklärung »Gott ist ein Freund des Lebens« und in den jährlichen Veranstaltungen der Woche für das Leben niederschlägt, weitergeht und verstärkt wird.

Hannover, den 27. Januar 1998
Pressestelle der EKD

EBERHARD SCHOCKENHOFF

»Es gäbe noch viele andere Formen«

Interview zur Dokumentation der Beratung *

[KNA, 29. Januar 1998] Der Brief des Papstes und die Reaktion der Bischofskonferenz ist in Deutschland weithin als Ausstieg auf Raten aus der gesetzlichen Konfliktberatung aufgefaßt worden. Der Freiburger Moraltheologe Eberhard Schockenhoff, der als einflußreicher Berater der Bischofskonferenz gilt, äußerte sich gegenüber der Katholischen Nachrichten-Agentur (KNA) zuversichtlich über einen Verbleib der Kirche im staatlichen System.

KNA: Herr Professor Schockenhoff, die katholische Kirche soll in der gesetzlichen Konfliktberatung bleiben, aber keine Scheine mehr ausstellen. Hat der Papst einen gordischen Knoten geknüpft?

SCHOCKENHOFF: Der Papst hat auf jeden Fall einen doppelten Wunsch geäußert, der schwer zugleich zu erfüllen sein wird. Die Kirche darf aber jetzt auf keinen Fall versuchen, diesen gordischen Knoten so zu lösen, daß nur ein Wunsch erfüllt wird. Ein Ausstieg aus der gesetzlichen Beratung, nach einer Frist des Nachdenkens, würde dem Schreiben des Papstes keineswegs gerecht. Der Papst wünscht eindeutig den Verbleib der katholischen Kirche in einer effektiven Beratung, die auch tatsächlich dem Ziel des Lebensschutzes dient und Frauen im Konflikt wirklich erreicht.

KNA: Welche Alternativen zum Schein sehen Sie?

SCHOCKENHOFF: Vorstellbar ist, daß zum Abschluß des Beratungsgespräches an die Frau geschrieben wird. Ein Brief hätte einen anderen Stellenwert als ein Schein, der faktisch zu nichts anderem nützt als zu einer straffreien Abtreibung. Denkbar wäre auch, daß der Arzt, der die Abtreibung vornimmt, sich bei der Beratungsstelle telefonisch über das stattgefundene Gespräch rückversichert. Es gäbe noch viele andere Formen. Die von Bischof Lehmann angekündigte Arbeitsgruppe wird den vorhandenen Spielraum des Gesetzes ausmessen. Der Staat hat einen Anspruch auf eine zweifelsfreie Dokumentation der Beratung. In welcher Form die Frau ihrer Nachweispflicht gerecht wird, ist nicht vorgeschrieben.

KNA: Wie würde sich der Brief formal vom Schein unterscheiden?

SCHOCKENHOFF: Ein Brief hat Stil, er ist an die Frau persönlich adressiert, es werden alle Gründe noch einmal zusammengefaßt, die Frau kann den Gang des Gespräches zu Hause rekapitulieren. Ein Brief ist in sich etwa anderes, er ist auch sinnvoll für eine Frau, die gar nicht abtreiben will. Eine Bescheinigung läßt sich leicht wahrnehmen als Zertifikat, das etwas bestätigt. Sie ist gerade nicht der innere Abschluß des Beratungsgespräches, sondern kehrt seine Intention, nämlich Leben zu schützen, ins Gegenteil um. Die Eigenbedeutung eines Briefes bleibt dagegen auch erhalten, wenn ihn die Frau als Dokument benutzt, um eine straffreie Abtreibung zu erlangen. Das ist dann eher eine Art Mißbrauch oder Verwendung des Briefes, die nicht in seinem Sinn liegt.

KNA: Die ersten Reaktionen aus allen Parteien haben gezeigt, daß nur wenig politischer Wille vorhanden ist, den Kompromiß bei der gesetzlichen Abtreibungsregelung erneut anzugehen.

SCHOCKENHOFF: Der politische Einfluß der katholischen Kirche wird hier grotesk überschätzt. An dem in unserer Gesellschaft mühsam austarierten Kompromiß können und wollen wir nicht rütteln. Unsere Frage ist nur, ob wir den Spielraum, den wir haben, auch tatsächlich nutzen, um in Freiheit und Übereinstimmung mit unserem kirchlichen Selbstverständnis handeln zu können. Über die Form des Nachweises haben wir uns bisher tatsächlich zu wenige Gedanken gemacht. Ich persönlich habe die Frage des Scheins bisher auch nicht als so gravierend empfunden, aber ich verstehe die Erwägungen des Papstes.

* *Originaltitel: »Ein Ausstieg entspräche nicht dem Wunsch des Papstes«; Interview: Christoph Renzikowski.*

Peter Knauer SJ

Schwangerschaftskonfliktberatung und Beratungsschein *

Ethische Analyse des kirchlichen Dilemmas und ein Lösungsvorschlag

Erst am 26. Januar wurde offiziell ein schon lange zuvor angekündigter Brief des Papstes an die deutschen Bischöfe vom 11. Januar 1998 veröffentlicht. Der Papst äußert eine eindringliche Bitte an die deutschen Bischöfe. Sie mögen dafür sorgen, daß in den katholischen Beratungsstellen keine Bescheinigung über eine erfolgte Beratung mehr ausgestellt werde. Denn ein solcher Beratungsschein habe eine »Schlüsselfunktion für die Durchführung straffreier Abtreibungen erhalten«. Der Papst befürchtet, daß daraufhin »kirchliche Einrichtungen für die Tötung unschuldiger Kinder mitverantwortlich gemacht werden können«. Er meint ferner, »daß hier eine Zweideutigkeit besteht, welche die Klarheit und Entschiedenheit des Zeugnisses der Kirche und ihrer Beratungsstellen verdunkelt«.

Es scheint, daß zumindest manche der deutschen Bischöfe diesen Brief erst am 23. Januar im Wortlaut erhalten haben, nur wenige Tage vor der Zusammenkunft des Ständigen Rats der Bischofskonferenz am 25. und 26. Januar. Wie ist diese Verzögerung zu erklären? Jedenfalls blieb den Bischöfen kaum Zeit zur Vorbereitung der Beratung. Die Bischöfe haben in ihrer Zusammenkunft beschlossen, der Bitte des Papstes Folge zu leisten: »Wir werden uns um eine Fassung der Beratungstätigkeit bemühen, die ohne einen Schein der bisherigen Art erfolgt.« Eine Arbeitsgruppe soll »nach möglichen neuen Wegen suchen, die dem Anliegen des Papstes und unserem Anliegen entsprechen, daß die Kirche auf wirksame Weise in der Beratung hilfesuchender Frauen präsent bleibt. Wir werden zu gegebener Zeit eine Neufassung der Ordnung unserer Beratungsstellen in Kraft setzen.«

Bischof Karl Lehmann erläuterte: »Wir haben noch keine ausreichende Klarheit, die schon zu einem Beschluß hätte führen können. Die Früchte sind noch nicht reif, eher sind es noch unausgegorene Ideen, ob es zum Beispiel statt des Scheins in der bisherigen Form einen Beraterbrief, eine Art eidesstattlicher Erklärung, eine Rückfrage des abtreibenden Arztes bei der Beratungsstelle usw. geben könnte. Aber dies waren nur bescheidene Geistesblitze, von denen wir im jetzigen Stadium selbst noch nicht überzeugt sind.«

Die folgenden Überlegungen wollen einen Vorschlag für die Arbeitsgruppe begründen und ihn wegen der Wichtigkeit der Sache zur öffentlichen Diskussion stellen. Dazu muß zunächst auf die Argumentation des Papstes eingegangen werden.

Die Argumentation des Papstes

Johannes Paul II. zitiert sein früheres Schreiben vom 21. September 1995 zur Frage der Beratungsbescheinigung: »Sie bestätigt, daß eine Beratung stattgefunden hat, ist aber zugleich ein notwendiges Dokument für die straffreie Abtreibung in den ersten zwölf Wochen der Schwangerschaft.« Er schreibt nun den Bischöfen: »Ihr selber habt diese widersprüchliche Bedeutung des Beratungsscheins, die im Gesetz verankert ist, mehrmals als ›Dilemma‹ bezeichnet. Das ›Dilemma‹ besteht darin, daß die Bescheinigung die Beratung zugunsten des Lebensschutzes bestätigt, aber zugleich die notwendige Bedingung für die straffreie Durchführung der Abtreibung bleibt, auch wenn sie gewiß nicht deren entscheidende Ursache ist.« Der Papst befürchtet zugleich damit, daß »der Schein die Kirche in die Tötung unschuldiger Kinder verwickelt«, daß er auch »ihren unbedingten Widerspruch gegen die Abtreibung weniger glaubwürdig macht«.

Der Papst zitiert weiter seine Ansprache vom 22. Juni 1996 während seiner Pastoralreise in Deutschland: »Vom Glauben her ist klar, daß von kirchlichen Institutionen nichts getan werden darf, was in irgendeiner Form der Rechtfertigung der Abtreibung dienen kann.« Nach seiner Auffassung handelt es sich um eine Frage »mit offenkundigen lehrmäßigen Implikationen, die für die Kirche und für die Gesellschaft in Deutschland und weit darüber hinaus von Bedeutung ist«. Letzteres ist wohl die Begründung dafür, warum der Papst meinte, als höchste Instanz der Kirche eingreifen zu sollen.

Zur Stringenz der Argumentation

Der Papst geht davon aus, daß der deutsche Gesetzgeber in bestimmten Fällen eine Abtreibung »legalisiert« habe, in anderen Fällen habe er sie nur »für straffrei erklärt, auch wenn dabei der Charakter der Unrechtmäßigkeit gewahrt bleibt«. Tatsächlich trifft die in den Medien häufig anzutreffende Behauptung, daß eine »straffreie Abtreibung« mit einer »legalen« Abtreibung gleichzusetzen sei, nach deutschem Recht keineswegs zu. Überall, wo ein Beratungsschein zur Straffreiheit erforderlich ist, spricht der Gesetzgeber weiterhin von einer Rechtswidrigkeit der Abtreibung. Aber auch in den Fällen, wo das Gesetz sich zum Unrechtscharakter nicht äußert und in diesem Sinn die Abtreibung »legal« sein läßt, ist damit dennoch nicht ausgeschlossen, daß es sich noch immer um einen nicht verantwortbaren Sachverhalt handelt.

Gegner der Ausstellung der Bescheinigung über erfolgte Beratung haben eine solche Bescheinigung als »Tötungslizenz« bezeichnet. Es scheint, daß sich der Papst von solchen Behauptungen hat stark beeindrucken lassen. Er befürchtet, die Kirche werde durch die Ausstellung der Bescheinigung möglicherweise schuldhaft in eine Tötung verwickelt oder zumindest könne ihr ein solcher Vorwurf gemacht werden.

Zunächst sei darauf hingewiesen, daß der Verzicht auf Strafe nicht mit einer Erlaubnis zu verwechseln ist. Hier liegt die größte Verwirrung in der Wahrnehmung der Position der Kirche (und des Staates) in der Öffentlichkeit. Bereits im Jahr 1976 warnten die deutschen Bischöfe in ihrem »Pastoralen Wort zur Novellierung des § 218« vor dem Mißverständnis, »als ob, was gesetzlich nicht mehr verboten ist, nunmehr auch sittlich erlaubt sei ... Niemand, der seine Lebensführung auf christliche Grundsätze stützt, kann sich zu der Fehlmeinung verleiten lassen, durch die Aufhebung der Gesetzesstrafe sei die Abtreibung weniger verwerflich geworden.« Diese Fehlmeinung darf also nicht als zutreffend vorausgesetzt werden, sondern ist als falsch zu bekämpfen, und ihr ist ständig zu widersprechen.

Allerdings konnten die deutschen Bischöfe sich weder damals noch (meines Wissens) bis heute dazu durchringen, die Gewissen klar auch darüber zu belehren, daß »in ausweglos erscheinenden Konfliktsituationen, in denen zwischen dem Verlust des Lebens sowohl der Mutter als des ungeborenen Kindes und dem Verlust nur eines menschlichen Lebens zu entscheiden ist«, ein Schwangerschaftsabbruch keineswegs eine moralisch zu verwerfende »Abtreibung« ist, sondern die Rettung wenigstens eines Lebens. Die Bischöfe formulierten damals nur, daß in solchen Fällen »die ärztliche Gewissensentscheidung respektiert« werde.

In dem offiziösen Kommentar des päpstlichen Schreibens im Osservatore Romano vom 30. Januar 1998 heißt es: »Der Papst geht nicht näher auf die moraltheologische Frage ein, welche Art der Mitwirkung an der Abtreibung hier genau vorliegt. Es scheint auch nicht leicht, die entsprechenden traditionellen Kriterien unverändert auf die Problematik des Beratungsscheins anzuwenden, zumal die Sachlage überaus komplex ist und es um eine institutionelle Mitwirkung der Kirche geht, in deren Auftrag die Beraterinnen in vielen Fällen handeln.« Hier wird zugegeben, daß es nicht gelungen sei, die Frage anhand der traditionellen Kriterien zu entscheiden. Es scheint sich eher um eine Art intuitiver Entscheidung zu handeln.

Mehr als zwei Jahre seit dem päpstlichen Schreiben vom September 1995 haben offenbar nicht ausgereicht, die angeblich an den traditionellen Prinzipien vorzunehmenden Veränderungen konkret zu benennen. Aber die lehramtliche Kompetenz des Papstes in Dingen des Glaubens und der Sitten kann nicht darin bestehen, sein eigenes subjektives Gewissen zur Norm für andere zu machen (vgl. Gal 2,11f). Kirchliche Unfehlbarkeit bezieht sich nach der Kirchenkonstitution des Zweiten Vatikanums (25,1) allein auf den Glauben und seine Anwendung auf die Sitten, das heißt auf Gottes Selbstmitteilung und die Aussage, daß vor Gott gute Werke nur aus der Gemeinschaft mit ihm hervorgehen können. Inhaltliche Normen des natürlichen Sittengesetzes dagegen können nur authentisch, das heißt amtlich, nicht aber unfehlbar gelehrt werden. Die Kirche kann für das natürliche Sittengesetz nicht anders als mit Argumenten eintreten. Bei amtlicher Lehre besteht innerhalb der Kirche die Rechtsvermutung ihrer Gültigkeit, und wer eine solche Lehre bestreiten will, trägt die Beweislast. Ihre Verbindlichkeit ist jedoch beendet, wenn sie durch einen Gegenbeweis widerlegt wird.

Der Papst geht davon aus, daß die Ausstellung des Beratungsscheins zwar keine »entscheidende Ursache«, wohl aber »die notwendige Bedingung« für die Durchführung einer straflosen Abtreibung ist. Dient aber die Ausstellung des Beratungsscheins tatsächlich »in irgendeiner Weise der Rechtfertigung der Abtreibung«?

Es gibt Mißverständnisse, zu denen die Sprache Anlaß gibt, wenn man sie nicht sorgfältig gebraucht. Das Verhältnis des mit einem Eigenschaftswort Gemeinten zu dem davon bestimmten Sachverhalt kann sehr verschieden sein. Verhält sich das Wort »straffrei« zur Abtreibung ähnlich wie zum Beispiel das Wort »medikamentös« oder »operativ«? Wer jemandem eine Chemikalie mit abtreibender Wirkung zu diesem Zweck verabreicht, ist der Abtreibung schuldig. Das Wort »straffrei« bezeichnet jedoch keineswegs einen inneren Bestandteil des Vollzugs der Abtreibung, wie dies die beiden Wörter »medikamentös« und »operativ« tun. Der Schein ist weder ein Mittel zur Abtreibung als solcher noch auch strenggenommen eine Bedingung für ihre Durchführbarkeit, sondern lediglich dafür, daß der Staat seinerseits auf eine Bestrafung der Abtreibung verzichtet. Er tut dies, um zumindest heimliche Abtreibungen durch Kurpfuscher zu verhindern, die zusätzlich das Leben der Mutter gefährden.

Nun könnte man sagen: Aber der Arzt und die Frau sind zu einer (nicht heimlichen) Abtreibung nur bereit, wenn ihnen zuvor die Furcht vor einer eventuell drohenden Strafe genommen wird. Und insofern ist die Ausstellung des Scheins doch zumindest eine Bedingung dafür, daß die Abtreibung anders als heimlich erfolgen kann. Darf man den Schein trotzdem ausstellen?

Die moraltheologische Tradition hat zur Beurteilung solcher Fragen, die ein »Dilemma« enthalten, das sogenannte »Prinzip von der Doppelwirkung« entwickelt, das richtig anzuwenden den Beratern des Papstes nach der Aussage des Osservatore Romano nicht gelungen zu sein scheint. Dieses Prinzip (vgl. dazu: Stimmen der Zeit 212, 1994, 14–26) fordert für die Rechtfertigung der Zulassung oder gar Verursachung eines Schadens einen »entsprechenden Grund«, der bewirkt, daß dieser Schaden nicht »direkt« gewollt ist. Für unser Thema geht es um die Frage, bei welcher Handlungsweise real am wenigsten Abtreibungen geschehen werden und wie am meisten verhindert werden kann, daß heimliche Abtreibungen durch Kurpfuscher zusätzlich auch das Leben der Mutter in Gefahr bringen. Zugleich ist allerdings auch darauf zu achten, daß kein anderweitiger Schaden entsteht; es ist gegen die Fehlinterpretation der Scheine, als würden sie zur Abtreibung »berechtigen«, anzugehen.

Ursächlich für die Schlußfolgerung des päpstlichen Schreibens ist vermutlich auch eine Auffassung von den »Umständen«, wie sie zum Beispiel in einer Formulierung des neuen Katechismus der katholischen Kirche zum Ausdruck kommt: Die Folgen einer Handlung gehörten nur zu deren Umständen, die die sittliche Beschaffenheit der Handlung nicht ändern können, sondern nur auf den Grad ihrer Gutheit oder Schlechtigkeit Einfluß haben (n. 1754). Richtig daran ist, daß eine schlechte Handlung durch beabsichtigte oder zumindest vorausgesehene gute Folgen nicht gut werden kann. Aber eine zunächst für sich allein betrachtet scheinbar gute Handlung (zum Beispiel sich durch die Verweigerung eines Beratungsscheins zu salvieren) kann sehr wohl durch ihre voraussehbaren schädlichen Ergebnisse (in der Realität mehr Abtreibungen) moralisch schlecht, und zwar sogar »in sich schlecht« werden, wenn für Zulassung dieser schädlichen Folgen kein »entsprechender Grund» vorliegt. Es ist völlig falsch, die Folgen einer Handlung nur zu ihren Umständen zu rechnen.

Analyse des Sachverhalts

Wem es ernsthaft um den Schutz des Lebens geht, für den ist nur dasjenige Handeln verantwortbar, bei dem real am wenigsten Leben gefährdet und vernichtet wird. Man muß aber auch verhindern, daß es zu vermeidbaren Mißverständnissen kommt; in diesem Anliegen ist dem Papst zuzustimmen.

Der staatliche Verzicht auf Strafe ist unter anderem darin begründet, daß man, wenn man schon Abtreibungen nicht überhaupt verhindern kann, auf jeden Fall heimliche Abtreibungen durch Kurpfuscher vermeiden will, um nicht auch das Leben der Mutter zu gefährden. Außerdem und vor allem besteht die Erfahrung, daß man durch eine dem Leben verpflichtete Beratung und durch Angebot von Hilfen oft auch Frauen, die eine Abtreibung überlegen, dazu führen kann, Alternativen zu sehen. Die deutschen Bischöfe schrieben bereits in ihrem Wort »Zur Neuregelung des § 218« vom 26. Januar 1976, ihre Beratungsstellen würden »in ständig steigendem Umfange von Ratsuchenden in Anspruch genommen« und hätten »in den letzten Jahren in vielen Tausenden von Fällen entsprechend ihrem Auftrag werdenden Müttern Beratung und Hilfe geleistet und ungeborenes Leben vor der Vernichtung gerettet«.

Die Statistik der katholischen Beratungsstellen in der Diözese Limburg für das Jahr 1996 weist aus, daß im ganzen 3.350 Frauen zur Beratung kamen. Von diesen suchten 622 Frauen in den ersten 12 Schwangerschaftswochen eine der Beratungsstellen auf. Davon wünschen 479 Frauen (77 Prozent) eine Schwangerschaftskonfliktberatung gemäß Strafgesetzbuch § 219. Von diesen Frauen haben 253 ihr Kind geboren; nur 246 Frauen ließen sich nach der Beratung einen Schein ausstellen. Bei 204 Frauen ist unbekannt, wie sie sich entschieden haben. Nur bei 18 Frauen wissen die Beratungsstellen von einem Schwangerschaftsabbruch. »Das bedeutet: Selbst im ungünstigsten Fall haben im Anschluß an die Beratung 42 Prozent der Frauen ihr Kind bekommen, wahrscheinlich liegt die Zahl weit höher. Katholische Schwangerschaftsberatung dient also in erheblichem Umfang dem Schutz ungeborenen Lebens.« Gegenüber der Meinung, daß die Kirche aber nicht selbst zugunsten der Ungeborenen Hilfen bereitstelle, sei darauf verwiesen, daß 1996 knapp 70 Prozent der Frauen während der Schwangerschaft und 35 Prozent nach der Geburt des Kindes Mittel aus der Bundesstiftung Mutter & Kind sowie aus dem bischöflichen Hilfsfonds erhielten. Aus der Bundesstiftung wurden 2.412.828 DM vergeben, aus dem Hilfsfonds 445.705 DM.

Für die Ausstellung eines Beratungsscheins und damit die Ermöglichung der Straffreiheit für diejenigen Frauen, die trotz der Beratung abtreiben, besteht als »entsprechender Grund« die Tatsache, daß ohne die Beratung mehr Frauen abtreiben würden. Würde keine Straffreiheit garantiert, dann würden viele Frauen auch davor zurückschrecken, sich überhaupt beraten zu lassen. Denn es würde ja öffentlich, daß sie sich mit dem Gedanken einer strafbaren Abtreibung tragen. Die Straffreiheit bringt mit sich, daß manche Frauen für eine von ihnen geplante Abtreibung nicht mehr in dunkle und gefahrvolle Heimlichkeit gehen müssen. Aber es trifft in keiner Weise zu, daß damit die Abtreibung von den katholischen Beratungsstellen »gerechtfertigt« würde bzw. daß man sie mit Recht für eine Mitwirkung an der »Durchführung« einer Abtreibung verantwortlich machen könnte. Solchen Vorwürfen ist durch Widerlegung entgegenzutreten und nicht dadurch, daß man ihnen nachgibt und daraufhin die Ausstellung eines Beratungsscheins verweigert. Letzteres wäre im Gegenteil ethisch höchst problematisch. Denn wahrscheinlich macht man sich dann wirklich mitschuldig daran, daß in der Realität mehr Abtreibungen stattfinden. Deshalb gibt es wohl auch Bischöfe, die ihrerseits gegen die Empfehlung des Papstes Gewissensbedenken haben. Es sei in diesem Zusammenhang die Frage gestellt, wie viele Abtreibungen in der Vergangenheit gerade darauf zurückzuführen sein mögen, daß voreheliche Schwangerschaften als Schande angesehen und die betreffenden Frauen von außen her und von oben herab mit Entrüstung behandelt wurden. Nicht nur in diesem Punkt hätte die katholische Kirche Anlaß zu ernsten Fragen gegenüber ihrer eigenen Moralverkündigungspraxis.

Bei einer sogenannten »kriminologischen Indikation«, also wenn eine Frau durch Vergewaltigung schwanger geworden ist, wird man gewiß sagen können, daß es bewundernswert ist, wenn eine Frau ein solches Kind dennoch bejaht. Man kann aber fragen, ob andere Menschen ein Recht haben, eine Frau zu verurteilen, die dazu nicht fähig ist. Diese Frage wird auch sonst oft zu stellen sein.

Wie kann das Problem gelöst werden?

Die von Bischof Lehmann erwähnten »bescheidenen Geistesblitze«, zu denen es in der Zusammenkunft der Bischöfe gekommen zu sein scheint, sind, wie er selbst sagt, nicht überzeugend. Es gilt allerdings, dem Mißverständnis zu wehren, der Beratungsschein »berechtige« zu einer straffreien Abtreibung oder eine solche werde gar von der Kirche gebilligt. Die bisherigen Scheine wiesen nur darauf hin, daß die Beratung zum Schutz des Lebens erfolgt sei, ohne aber sonst etwas über die Stellungnahme der Kirche zu sagen.

Man sollte weiterhin Scheine ausstellen, aber eben gemäß dem Beschluß des Ständigen Rats der Bischofskonferenz nicht »der bisherigen Art«, sondern solche mit einer unmißverständlichen Darstellung der Auffassung der Kirche. Die Bischofskonferenz sollte deutlich zum Ausdruck bringen lassen, daß die Ausstellung eines Scheins keine Mitwirkung an der Abtreibung ist, sondern am Verzicht auf Strafverfolgung. Dieser Verzicht hat darin seinen »entsprechenden Grund«, daß man durch Beratung viele Abtreibungen verhindern kann. Frauen, die über eine Abtreibung nachdenken, sind gewöhnlich in einer Zwangslage und brauchen jeden erdenklichen Beistand, ohne daß ihnen jedoch irgend jemand ihre eigene Verantwortung abnehmen kann.

Es sei dem Sinn nach folgender Text für die Scheine vorgeschlagen, der gegebenenfalls bei der Aushändigung auch vorgelesen werden könnte:

»Die katholische Kirche beteiligt sich an der Schwangerschaftsberatung in der Absicht, ungeborenes Leben zu schützen. Das Gesetz stellt eine nach Beratung dennoch eventuell erfolgende Abtreibung straffrei. Dies ist darin begründet, daß Frauen, die eine Abtreibung erwägen, sich sonst nicht beraten lassen würden. Die Ausstellung einer Bescheinigung über eine Beratung durch eine katholische Beratungsstelle bedeutet in keiner Weise eine Billigung der Abtreibung oder eine Zustimmung zu ihr. Auch eine Handlung, die nicht bestraft wird, kann dennoch der Verantwortung für das Leben widersprechen. Eine Abtreibung, für deren Straffreiheit man einer Beratungsbescheinigung bedarf, bleibt auch nach staatlichem Recht trotz der Bescheinigung rechtswidrig. Ein Schwangerschaftsabbruch ist nur dann zulässig und kann nicht als Abtreibung bezeichnet werden, wenn das Leben von Mutter und Kind in Gefahr ist und er medizinisch notwendig ist, um wenigstens eines der beiden Leben zu retten.«

* *Erstveröffentlichung in: Stimmen der Zeit, 123. Jg., Bd. 216 (1998) 246–252.*

IV. *Fakten, Zahlen, Paragraphen*

Albin Eser

»Wertebewußtsein schaffen«

*Ein Gespräch zur Diskussion über die Schwangerschaftsberatung**

Die öffentliche Aufregung im Zusammenhang mit dem Papstbrief zur deutschen Schwangerschaftsberatung (...) ist wieder abgeklungen. Es bleiben die ungelösten Grundprobleme einerseits mit der geltenden rechtlichen Regelung des Schwangerschaftsabbruchs, zum anderen mit der kirchlichen Mitwirkung in der staatlichen Pflichtberatung. Darüber sprachen wir mit Professor Albin Eser, dem Direktor des Freiburger Max-Planck-Instituts für ausländisches und internationales Strafrecht. Die Fragen stellte Ulrich Ruh. (...)

HK: Um den Beratungsschein dreht sich die Diskussion nach dem am 27. Januar veröffentlichten Papstbrief an die deutschen Bischöfe. Für den Papst wie für die hiesigen Kritiker des bisherigen kirchlichen Engagements in der Schwangerschaftskonfliktberatung ist der Beratungsschein eine vom christlichen Ethos her nicht zu tolerierende Mitwirkung an einer Abtreibung. Welches Gewicht hat für Sie diese Argumentation?

Eser: Nachvollziehen läßt sie sich nur bei einer rein kausalen Betrachtung der Dinge. Dann ist natürlich nicht zu leugnen, daß eine ausgestellte Beratungsbescheinigung mitursächlich für den dann u.U. erfolgten Abbruch war. Aber eine solche Betrachtungsweise ist ganz und gar vordergründig und läßt ein traditionelles Prinzip katholischer Moraltheologie außer acht, nämlich das der Handlung mit Doppelwirkung. Die Kirche würde sich selber untreu, wenn sie die jahrhundertealte Lehre vom »actus duplicis effectus« ausgerechnet in diesem Fall aufgeben würde zugunsten einer einlinigen Betrachtung des Beratungsscheins als Voraussetzung für einen straffreien Schwangerschaftsabbruch. Ganz abgesehen davon, daß das kanonische Strafrecht früher dem staatlichen an Differenziertheit eher voraus war, bleibt die Kirche mit einer solchen Betrachtungsweise aber auch hinter der heutigen strafrechtlichen Diskussion zum Problem der Zurechnung zurück.

HK: Inwiefern?

Eser: Es gibt doch sehr viele Handlungen, die Auswirkungen dieser oder jener Art haben. Im Blick darauf hat sich in der profanen Strafrechtslehre längst die Betrachtungsweise durchgesetzt, daß man fragt, ob das, was mit einer Handlung angestrebt wird, eine Risikoerhöhung oder eine Risikoverminderung bedeutet. Wenn in der Beratung versucht wird, eine zur Abtreibung bereits entschlossene Frau von diesem Entschluß abzubringen, dann steckt in der Beratung eine Risikoverringerung im Hinblick auf den Abbruch. Verzichtet eine kirchliche Beratungsstelle aber auf die Bescheinigung, bringt sich die Kirche doch gerade um die Chance, das Risiko des Abbruchs zu verringern. Trotz nicht zu leugnender Kausalität ist der Abbruch, wenn er denn stattfindet, der Beratung bzw. der Beraterin jedenfalls nicht zurechenbar. Von der rechtlichen und dementsprechend auch von der ethischen Zurechnungstheorie her besteht also nicht die Konsequenz, die von manchen in der Kirche unterstellt wird.

HK: Die Bischofskonferenz hat jetzt eine Arbeitsgruppe eingesetzt, die sich in den kommenden Monaten gemäß dem Papstbrief um eine andere Lösung für die kirchliche Mitwirkung im System der staatlich anerkannten Pflichtberatung bemühen soll. Gibt es Spielraum für eine solche Lösung, bzw. wie könnte eine solche auf dem Hintergrund der bisher angedachten Möglichkeiten aussehen?

Eser: Sehr viel Spielraum sehe ich nicht. Die beiden Möglichkeiten, die unmittelbar nach Veröffentlichung des Papstbriefs schon im Gespräch waren, führen jedenfalls nicht weiter. Zum einen hat man vorgeschlagen, nach einer Beratung ohne Bescheinigung könnte der Arzt, von dem die Abtreibung verlangt wird, bei der Beratungsstelle telephonisch anfragen. Damit wäre aber schon dem Gesetz nicht Genüge getan, das nun einmal eine schriftliche Bestätigung für die erfolgte Beratung verlangt. Zudem wäre ein solches Vorgehen schlicht verlogen: Wenn es hieße, du darfst zwar die Beratung nicht schriftlich bescheinigen, wohl aber telephonisch Auskunft geben, wäre das doch Ausdruck einer Unehrlichkeit, die man sonst gerade unter moralischen Gesichtspunkten eigentlich vermeiden sollte. Würde man zum anderen den Weg wählen, daß an Stelle der bisherigen Bescheinigung ein Beraterbrief ausgestellt wird, dann wäre das von der Sache her zwar sehr zu begrüßen. Schließlich ist es ja durchaus sinnvoll, wenn der Arzt erfährt, was Inhalt des Beratungsgesprächs war. Aber die Kirche dürfte konsequenterweise nicht akzeptieren, daß ein solcher Brief von staatlicher Seite in gleicher Weise als Voraussetzung für eine straffreie Abtreibung akzeptiert wird. Es läge ja dann wieder eine Kausalität in dem eben besprochenen Sinne vor.

HK: Es wäre sicher auch aus kirchlicher Sicht keine Lösung des Dilemmas, der Staat würde ganz auf die Beratungsbescheinigung verzichten…

Eser: Das wäre ganz im Gegenteil eine massive Entwertung der Beratung. Man sollte nicht vergessen, wie schwierig es überhaupt war, die Beratungspflicht politisch durchzusetzen. Es gibt ja auch heute Stimmen, die diffamierend von »Zwangsberatung« sprechen und sie am liebsten wieder abschaffen möchten. Vielmehr käme es eher darauf an, die Bedeutung der Beratung zu unterstreichen, was gerade auch durch die Notwendigkeit einer sie bestätigenden Bescheinigung geschieht. Die Kirche würde ihrem

Engagement für den Schutz des ungeborenen Lebens untreu, wenn sie einer Abwertung der Beratung insgesamt Vorschub leisten würde. Sie wäre ja dann mit einem Weniger an Prävention zufrieden.

HK: Dann also doch eher ein ausführlicher Beratungsbrief, eingebunden in die gesetzliche Beratungspflicht? Wäre das nicht auch eine Möglichkeit, das Profil der kirchlichen Beratungsstellen zu schärfen, ohne die Chancen einer Mitwirkung im staatlichen System aufgeben zu müssen?

Eser: Ich könnte mir durchaus vorstellen, daß die Kirche Beratungs- und Bescheinigungsmechanismen entwickelt, die mehr sind als eine bloße Bestätigung der Pflichtberatung. Dazu braucht man nicht unbedingt eine Gesetzesänderung; das Gesetz stellt doch nur Mindestforderungen auf, die entsprechend ausgefüllt werden könnten. Es kann doch den Beratungsstellen nicht verwehrt sein, daß sie in einer Bescheinigung bzw. einem Brief ausführlicher auf die Inhalte des Beratungsgesprächs eingehen und ihre Sicht des Schwangerschaftskonflikts der betreffenden Frau darlegen. Hier könnte durchaus eine Chance für die Beratungsstellen in kirchlicher Trägerschaft liegen, ein Angebot zu machen, das den Frauen wirklich hilft und gleichzeitig dem kirchlichen Ethos entspricht.

HK: Auch wenn eine Lösung in der Beratungsfrage gefunden würde, es bliebe beim Problem Schwangerschaftsabbruch die Spannung zwischen dem von der Kirche verkündeten und verteidigten Ethos und dem, was der Staat aufgrund seiner Grundrechtsverpflichtung strafrechtlich regelt bzw. überhaupt regeln kann. Was kann, was soll die Kirche angesichts dieser Spannung tun?

Eser: Das hängt zunächst einmal von der Grundeinstellung eines Staates zum Schutz des ungeborenen Lebens ab: Nimmt ein Staat das ungeborene Leben als schützenswertes Gut im Prinzip ernst oder steht er ihm mehr oder weniger gleichgültig gegenüber? Die Bundesrepublik Deutschland gehört, jedenfalls was ihre staatlichen Institutionen betrifft, zweifellos zur ersten Kategorie. Kaum irgendwo in der Welt gibt es doch verfassungsgerichtliche Entscheidungen, die beim Schutz des ungeborenen Lebens so weit gehen wie in Deutschland. Unter solchen Bedingungen müßte sich die Kirche verpflichtet fühlen, den staatlichen Schutzauftrag für das ungeborene Leben so weit wie möglich zu unterstützen, statt ihn zu boykottieren und damit zu schwächen. Die Kirche muß mit dem Staat kooperieren und ihn mit ihren spezifischen Möglichkeiten gleichzeitig ergänzen. Ganz anders ist die Lage für die Kirche in Ländern, in denen das ungeborene Leben vom Gesetz her weitgehend schutzlos ist und sie bestimmte Mindeststandards der Menschenwürde und der Menschenrechte einklagen muß. Daß die katholische Kirche eine Weltkirche ist, entbindet also ihr Lehramt nicht von der Pflicht, seine Aussagen zum Lebensschutz auf die Verhältnisse in den einzelnen Ländern einzustellen. Das ist beim Papstbrief an die deutschen Bischöfe nur zum Teil der Fall.

HK: Woran liegt es denn Ihrer Meinung nach, daß sich die katholische Kirche gerade beim Thema Schwangerschaftsabbruch mit einer wirklichkeitsgerechten Sicht der Dinge teilweise so schwer tut?

Eser: Die Kirche bzw. manche Teile in der Kirche sind offenbar der Überzeugung, Staaten seien im Prinzip nicht dazu bereit und in der Lage, das ungeborene Leben ernst zu nehmen und entsprechend zu schützen. Gleichzeitig tut man sich von kirchlicher Seite schwer mit der Einsicht, daß eine Schwangerschaft für eine Frau ein existentieller Konflikt sein kann. Das zeigt sich auch im Papstbrief an die deutschen Bischöfe, der immer nur sehr stereotyp von der »Schwangeren in Not« redet, was den konkreten Schwangerschaftskonflikten sicher nicht gerecht wird. Der Brief erweckt auch den Eindruck, als mißtraue die Kirche von vornherein den schwangeren Frauen, als könne man ihnen nur durch Hindernisse vermitteln, die Verantwortung für das ungeborene Kind auf sich nehmen zu müssen. Der Brief liest sich passagenweise so, als gehe es der Kirche vor allem darum, ihre eigenen Hände in Unschuld zu waschen. Wenn etwa davon die Rede ist, daß die Freiheit der Kirche gegenüber dem Staat gewahrt werden müsse, dann frage ich mich: Was heißt hier »Freiheit der Kirche«? Die Kirche ist doch nicht für sich selber, sondern für die Menschen da. Wenn die Kirche in Konflikten Ratgeberin sein will, muß sie auch realisieren, daß es um Konfliktbewältigung unter den Bedingungen menschlicher Unvollkommenheit geht.

HK: Es gibt – nicht nur in den Kirchen – die Befürchtung, Defizite beim Schutz des ungeborenen Lebens könnten jedenfalls auf längere Sicht dazu beitragen, daß auch in anderen Bereichen der Lebensschutz eingeschränkt wird, etwa im Umgang mit Behinderten und unheilbar Kranken. Könnte sich die Abtreibungsgesetzgebung in diesem Sinn als verhängnisvoller Dammbruch erweisen?

ESER: Ja und Nein. Sicher kann man theoretisch argumentieren, wenn Schritt A getan wird, werde auch Schritt B nicht lange auf sich warten lassen. Unter praktisch-moralischen Gesichtspunkten besteht aber hier nicht unbedingt eine zwangsläufige Entwicklung. Es kommt auch vor, daß man zwar den ersten Schritt tut, dann aber beim zweiten doch zurückschreckt und ausdrücklich darauf verzichtet. Nehmen Sie das Beispiel der schwedischen Regelung für den Schwangerschaftsabbruch: Schweden geht in der Frühphase der Schwangerschaft bei der gesetzlichen Zulassung des Abbruchs sehr weit; eine Beratungspflicht der Schwangeren im deutschen Sinne existiert dort nicht. Gleichzeitig gehört aber Schweden zu den Ländern, die zu einem späteren Zeitpunkt der Schwangerschaft, bei der 24. oder 28. Woche, eine Grenze für den Abbruch ziehen. Man ist in Schweden in dieser Hinsicht also strenger als bei uns, wo bei der medizinischen oder eugenischen Indikation Möglichkeiten zu einem legalen Abbruch bis in eine späte Phase der Schwangerschaft bestehen bzw. diskutiert werden. Mit anderen Worten: Eine liberalere Regelung an einem Punkt muß nicht zu einer generellen Liberalisierung des Lebensschutzes führen. Sie kann unter Umständen sogar zu der Besinnung veranlassen: Bis hierher und nicht weiter!

HK: Aber wie ist es mit den Niederlanden, die ein liberales Abtreibungsgesetz und im europäischen Vergleich großzügige Regelungen für die Legalisierung aktiver Sterbehilfe haben?

ESER: Sicher ist das niederländische Abtreibungsstrafrecht eines der liberalsten in Europa. Gleichwohl befaßt sich gerade das niederländische Gesetz so ausführlich wie kein anderes mit der Beratung und enthält sehr viele Aussagen über das, was wir »flankierende Maßnahmen« zum Schutz des ungeborenen Lebens nennen. Auch lassen die Niederlande bereits bei zu vermutender Lebensfähigkeit einen Abbruch überhaupt nicht mehr zu. Bei der Entkriminalisierung der aktiven Sterbehilfe hingegen gehen die Niederlande für meine Begriffe zu weit. Im Hintergrund steht dabei ein Lebensverständnis, das sich sehr an qualitativen Gesichtspunkten orientiert, dies aber immerhin aus der Sicht des Betroffenen. Es wäre also ungerecht, einfach Parallelen zwischen solchen Regelungen zur Sterbehilfe und der nationalsozialistischen Idee und Praxis der Euthanasie zu ziehen.

HK: Aber Vorsicht ist doch auf jeden Fall geboten…

ESER: Zweifellos kann die Diskussion über Einschränkungen des Lebensschutzes am Beginn auch die Auseinandersetzung über die Sterbehilfe anfachen, ohne daß damit schon das Ergebnis einer solchen Auseinandersetzung vorhersehbar wird. Es kann also sowohl zu einer neuen Aufmerksamkeit für das Leben in seinen gefährdetsten Phasen kommen als auch zu Aufweichungen, die nicht mehr zu billigen sind. Das schlimmste wäre allerdings eine

Tabuisierung der Probleme, mit der niemandem geholfen ist. Man sollte die Dinge vor allem nicht unzulässigerweise über einen Kamm scheren. Nur beim Schwangerschaftsabbruch gibt es die unentrinnbare Konfliktsituation zwischen dem Kind und der Mutter, eine Konstellation, wie sie mit gleicher Unausweichlichkeit am Lebensende nicht auftritt.

HK: Beim Schwangerschaftsabbruch hat sich das Strafrecht inzwischen weit zurückgezogen. Gleichzeitig wird aber derzeit in anderen Bereichen sehr wohl nach dem Strafrecht gerufen, warnt man vor einer Entkriminalisierung bestimmter Delikte. Sind strafrechtliche Sanktionen nicht doch wichtiger für das Rechts- bzw. Unrechtsbewußtsein in der Bevölkerung, als man oft annimmt?

Eser: Als Strafrechtler steht man hier vor einem Grundproblem: Soll das Strafrecht nur dort eingesetzt werden, wo es auch wirklich effizient ist, oder hat es nicht doch auch eine gewisse symbolische Funktion? Auch wenn das in manchen Augen unmodern sein mag, für mich hat das Strafrecht nicht zuletzt auch eine symbolische Funktion, weil es bestimmte Grundhaltungen und Wertsetzungen einer Gesellschaft zum Ausdruck bringen soll. Schon deshalb kommt für mich eine völlige Entpönalisierung des Schwangerschaftsabbruchs nicht in Frage. In diesem Zusammenhang muß sich übrigens auch das Bundesverfassungsgericht Kritik an seinem Urteil von 1993 gefallen lassen. Die Enttatbestandlichung des Schwangerschaftsabbruchs bis zur 12. Woche, wie sie im jetzigen Gesetz enthalten ist, ist eine ziemlich gefährliche Sache, weil damit der Eindruck von Schutzlosigkeit erweckt werden kann; insofern ist dies ein Eigentor des Verfassungsgerichts zum Nachteil des Lebensschutzes.

HK: Und wann wird das Strafrecht beim Problem Schwangerschaftsabbruch kontraproduktiv?

Eser: Kontraproduktiv wird das Strafrecht da, wo die Schwangeren aus Angst vor Strafe in den Untergrund gehen müssen, ohne irgendwelche Kontrolle, ohne Beratung, die Alternativen aufzeigt. Man braucht doch nur nach Lateinamerika zu schauen: Dort gibt es überall recht strenge Abtreibungsgesetze. Aber es gibt kaum Verurteilungen wegen eines Schwangerschaftsabbruchs und doch eine ungemein hohe Dunkelziffer bei den Abbrüchen, verbunden mit massiven sozialen Ungerechtigkeiten. Unter solchen Umständen droht das Strafrecht in seiner symbolischen Funktion nicht mehr ernst genommen zu werden und damit letztlich das Gegenteil dessen zu bewirken, was eigentlich erreicht werden soll.

HK: Kampagnen in der Art von »Ich habe abgetrieben« gibt es heute nicht mehr, und auch so plakative Formeln wie »Mein Bauch gehört mir« sind derzeit nicht en vogue. Aber hat sich das Wertebewußtsein bei uns wirklich zugunsten des ungeborenen Lebens verändert?

Eser: Eines der interessanten Ergebnisse unserer rechtsvergleichenden Untersuchung in sechzig Ländern war, daß es keine zwei Länder gibt, die eine völlig gleiche Abtreibungsregelung haben, während die Einheitlichkeit beim Schutz des geborenen Lebens relativ groß ist. Die gesetzlichen Regelungen zum Schwangerschaftsabbruch hängen also stark von nationalen Besonderheiten ab. Gleichzeitig ist festzustellen, daß einerseits in Ländern mit unterschiedlichen Regelungsmodellen die Abtreibungszahlen weitgehend gleich sein können, während andererseits zwischen Ländern mit einander ähnlichen Regelungen enorme Unterschiede hinsichtlich der Abtreibungshäufigkeit bestehen können. Daraus läßt sich schließen, daß nicht eine bestimmte Ausgestaltung der rechtlichen Regelung entscheidend ist, sondern vielmehr das Wertebewußtsein der Menschen und das soziale Umfeld. Die Strafrechtsordnung kann deshalb nicht viel mehr tun, als durch das prinzipielle Verbot des Schwangerschaftsabbruchs symbolisch zum Ausdruck zu bringen, daß auch das ungeborene Leben geschützt sein muß. Viel wichtiger ist aber, ein entsprechendes Wertebewußtsein zu schaffen. Inzwischen hat man bei uns doch weithin erkannt, daß eine völlige Abschaffung des Abtreibungsverbots der falsche Weg wäre und es hier kein reines Selbstbestimmungsrecht der Frau geben kann. Hier hat sich offenbar etwas verändert, und darin sehe ich auch eine Chance. Diese wird natürlich um so größer sein, je mehr bereits für die Prävention getan wird.

* *Erstveröffentlichung in: Herder-Korrespondenz 52 (1998) 178–183; hier Auszug: Seiten 180–183.*

Heinz-Theo Rauschen

Das Beratungskonzept nach dem Schwangeren- und Familienhilfeänderungsgesetz

Am 29. Juni 1995 nahm der *Deutsche Bundestag* in seiner 47. Sitzung[1] den von der Fraktion der CDU/CSU, der Fraktion der SPD und der Fraktion der F.D.P. eingebrachten Entwurf eines Schwangeren- und Familienhilfeänderungsgesetzes in zweiter Beratung bei Gegenstimmen der Fraktion Bündnis 90/Die Grünen und einigen Enthaltungen, sowie bei einigen Gegenstimmen von der Union an. In der dritten Beratung, die sich direkt anschloß, stimmten 485 Abgeordnete mit Ja, 145 Abgeordnete mit Nein und 21 Abgeordnete enthielten sich der Stimme. Damit war das Schwangeren- und Familienhilfeänderungsgesetz vom Deutschen Bundestag beschlossen.

In der 687. Sitzung des *Bundesrates* am 14. Juli 1995[2] stimmten von 16 Ländern 12 für den vom Bundestag am 29. Juni beschlossenen Gesetzentwurf. Nordrhein-Westfalen und Hessen enthielten sich bei der Abstimmung, Bayern und Sachsen-Anhalt lehnten das vom Bundestag beschlossene Schwangeren- und Familienhilfeänderungsgesetz ab. Nach der *Ausfertigung* durch Bundespräsident Herzog, Bundeskanzler Kohl, Bundesministerin der Justiz Leutheusser-Schnarrenberger, Bundesministerin für Familie, Senioren, Frauen und Jugend Nolte, Bundesminister für Gesundheit Seehofer und Bundesminister für Raumordnung, Bauwesen und Städtebau Töpfer am 21. August 1995 und der *Verkündung* am 25. August 1995[3] trat das Gesetz gemäß Art. 11 des Schwangeren- und Familienhilfeänderungsgesetzes in seinen wesentlichen Teilen am 1. Oktober 1995 in Kraft. Die Bestimmungen zur Statistik und zum Leistungsgesetz traten aus organisatorischen Gründen erst am 1. Januar 1996 in Kraft und lösten damit bisher geltendes Recht insoweit ab.

Die Beratungsregelung nach dem Schwangeren- und Familienhilfeänderungsgesetz läßt sich in acht Punkten charakterisieren:

1) Die Aufgabe der Beratung

In § 219 Strafgesetzbuch (StGB) wird der Wortlaut der Vollstreckungsanordnung des Bundesverfassungsgerichts[4] wie folgt fast wörtlich übernommen:

»Die Beratung dient dem Schutz des ungeborenen Lebens. Sie hat sich von dem Bemühen leiten zu lassen, die Frau zur Fortsetzung der Schwangerschaft zu ermutigen und ihr Perspektiven für ein Leben mit dem Kind zu eröffnen; sie soll ihr helfen, eine verantwortliche und gewissenhafte Entscheidung zu treffen. Dabei muß der Frau bewußt sein, daß das Ungeborene in jedem Stadium der Schwangerschaft auch ihr gegenüber ein eigenes Recht auf Leben hat und daß deshalb nach der Rechtsordnung ein Schwangerschaftsabbruch nur in Ausnahmesituationen in Betracht kommen kann, wenn der Frau durch das Austragen des Kindes eine Belastung erwächst, die so schwer und außergewöhnlich ist, daß sie die zumutbare Opfergrenze übersteigt. Die Beratung *soll* durch Rat und Hilfe dazu beitragen, die im Zusammenhang mit der Schwangerschaft bestehende Konfliktlage zu bewältigen und einer Notlage abzuhelfen. *Das Nähere regelt das Schwangerschaftskonfliktgesetz.*«

§ 219 Abs. 1 vorletzter und letzter Satz StGB schwächen zwar das Ziel der Beratung durch Hinzufügungen (»soll« und die Bezugnahme auf das Schwangerschaftskonfliktgesetz) ab. Die in § 5 Abs. 1 Schwangerschaftskonfliktgesetz angeführte »Ergebnisoffenheit« der Beratung stellt aber insoweit keinen Widerspruch zum Urteil des Bundesverfassungsgerichts dar, da jede Beratung aus der Natur der Sache heraus nur ergebnisoffen sein kann, indem kein bestimmtes Entscheidungsergebnis bei der Beratenen vorweggenommen werden kann. Daß die Beratung selbst sonst ausschließlich dem Lebensschutz verpflichtet ist, wird dadurch jedoch nicht infragegestellt.

2) Die Anerkennung von Beratungsstellen

Das Gesetz unterscheidet zwischen Beratungsstellen für Sexualaufklärung, Verhütung, Familienplanung und Schwangerschaftsfragen[5] und den Schwangerschafts*konflikt*beratungsstellen[6], die beide getrennt und unabhängig voneinander bestehen und gefördert[7] werden können, und sieht nur für die Schwangerschaftskonfliktberatungsstellen eine staatliche Anerkennung[8] vor. Diese Unterscheidung dient der Erhaltung eines pluralen Angebots von Beratungsstellen auch unabhängig und außerhalb eines bedarfsgerechten Angebots von Konfliktberatungsstellen. Aus Kostengründen bestehen jedoch Tendenzen zur Verbindung beider Beratungsangebote unter einem Dach und der damit verbundenen vorrangigen *Förderung nur der Schwangerschaftskonfliktberatungsstellen.* Allerdings ist auch ein *»plurales«* Angebot wohnortnaher Schwangerschaftskonfliktberatungsstellen[9] und die Hinzuziehung von *Fachärzten*[10] sicherzustellen.

3) Die »Beratungsregelung« in strafrechtlicher Hinsicht

Gemäß § 218 StGB wird bestraft, »wer eine Schwangerschaft abbricht«. Nach § 218 a Abs. 1 StGB ist der *Tatbestand* des Schwangerschaftsabbruchs jedoch »nicht verwirklicht«, wenn er innerhalb der ersten 12 Wochen der Schwangerschaft von einem Arzt auf Verlangen der Frau vorgenommen wird und durch eine Bescheinigung der Nachweis erbracht wird, daß eine Schwangerschafts*konflikt*beratung nach § 219 StGB stattgefunden hat, sowie eine Überlegungsfrist von 3 Tagen eingehalten ist. Diese sogenannte *Beratungsregelung* entspricht zwar der Anordnung des Bundesverfassungsgerichts, jedoch mit einer wesentlichen Auslassung. In seiner Anordnung stellt das Verfassungsgericht fest: »Das grundsätzliche Verbot des Schwangerschaftsabbruchs bleibt auch in diesen Fällen unberührt«[11]. Auf diese ausdrückliche rechtliche Mißbilligung von Schwangerschaftsabbrüchen aufgrund der Beratungsregelung verzichtet der Gesetzgeber. Die *Rechtswidrigkeit* des Schwangerschaftsabbruchs der unter den Tatbestandsvoraussetzungen des § 218 a Abs. 1 StGB vorgenommen wird, ist nach dem Willen des Gesetzgebers aus gesetzestechnischen Gründen nicht explizit im Gesetzestext hervorgehoben, denn es soll entsprechend dem Willen des Bundesverfassungsgerichts gegen das Handeln der Frau und des Arztes von Dritten keine Nothilfe zugunsten des Ungeborenen geleistet werden können[12]. In der Begründung zu den einzelnen Vorschriften wird zum § 218 a Abs. 1 StGB ausgeführt: »Durch den Tatbestandsausschluß als bewußte Herausnahme aus dem strafrechtlich vertypten Unrecht wird außerdem zum Ausdruck gebracht, daß Schwangerschaftsabbrüche, die unter den angeführten Voraussetzungen vorgenommen werden, im Bereich des Strafrechts nicht als Unrecht zu behandeln sind«[13]. Die Bezeichnung der Schwangerschaftsabbrüche nach vorangegangener medizinischer oder kriminologischer Indikation als »nicht rechtswidrig«[14] und die damit verbundene Zahlungspflicht der Krankenversicherungen[15] im Unterschied zur Bedürftigkeitsprüfung bei Schwangerschaftsabbrüchen ohne Indikationsfeststellung im Rahmen der Frage der Kostenerstattung[16] sowie die Formulierung der Beratung der Schwangeren in einer Not- und Konfliktlage nach § 219 StGB, namentlich der Hinweis darauf, daß der Frau bewußt sein muß, daß »das Ungeborene in jedem Stadium der Schwangerschaft auch ihr gegenüber ein eigenes Recht auf Leben hat und daß deshalb nach der Rechtsordnung ein Schwangerschaftsabbruch nur in Ausnahmesituationen in Betracht kommen kann, wenn der Frau durch das Austragen des Kindes eine Belastung erwächst, die so schwer und außergewöhnlich ist, daß sie die zumutbare Opfergrenze übersteigt«, wären demnach die verbliebenen Passagen, von denen auf den grundsätzlichen Unrechtscharakter der Abtreibung geschlossen werden könnte.

In der Entscheidung des Bundesverfassungsgerichts wurde aber bereits auf den Charakter und die Eigenarten der Beratungsregelung hingewiesen. Danach soll der Gesetzgeber davon ausgehen können, daß selbst eine mit der Beratung nicht verbundene, sondern ihr nachfolgende, personell und institutionell von ihr getrennte Indikationsfeststellung eine ungünstige Vorwirkung auf die Beratung ausübt und deren Wirkungschancen wesentlich beeinträchtigt, indem die Frau auf den festzustellenden Indikationstatbestand fixiert und eine offene Erörterung des Schwangerschaftskonflikts verhindert wird[17]. Das Bundesverfassungsgericht hat diese Erwägung allerdings nur für die allgemeine Notlagenindikation gelten lassen, denn die unbefangene Mitarbeit der Frau an der Bewältigung dieses Konflikts könne – anders als bei einer medizinischen, embryopathischen oder auch kriminologischen Indikation – durch das Erfordernis seiner Drittbeurteilung gehindert sein[18]. Aus diesen Gründen müsse die Beratungsregelung davon absehen, den Rechtfertigungsgrund einer allgemeinen Notlagenindikation vorzusehen[19]. Es würde ihrem Konzept zuwiderlaufen.

Das Bundesverfassungsgericht führt dazu weiter an:

»Die Beratungsregelung will wirksamen Schutz dadurch erreichen, daß sie die Frau um ihrer Aufgeschlossenheit gegenüber der Beratung willen davor bewahrt, eine sie rechtfertigende Notlage darlegen und sich deren Feststellung unterziehen zu müssen. Das hat unvermeidlich zur Folge, daß die Beratungsregelung die Möglichkeit einer Rechtfertigung durch die allgemeine Notlagenindikation nicht verheißen kann. Nur wenn die Beratungsregelung generell und ausnahmslos von der Feststellung des Vorliegens einer sozialen Notlage absieht, kann sie erreichen, daß Frauen die Beratung annehmen und sich ihr nicht im Blick auf eine erstrebte Beurteilung ihrer Entscheidung als rechtmäßig – und daran möglicherweise geknüpfte günstige Rechtsfolgen – verschließen. Die Beratungsregelung mutet es daher Frauen zu, auf die persönliche Belastung zu verzichten, die in einer Entscheidung über die Rechtmäßigkeit des von ihnen beabsichtigten Abbruchs liegen kann, auch wenn ihnen im Einzelfall eine allgemeine Notlage ohne weiteres nachvollziehbar erscheinen mag ... Doch darf die Orientierung über die Rechtspflicht zum Austragen des Kindes und ihre Grenzen auch bei einer Beratungsregelung, die unvermeidlich auf eine Notlagenindikation verzichtet, nicht verloren gehen, auch im konkreten Schwangerschaftskonflikt kann die normative Orientierung auf den Schutz des ungeborenen Lebens nicht entfallen; der verfassungsrechtliche Rang des Rechtsguts des ungeborenen menschlichen Lebens muß dem allgemeinen Rechtsbewußtsein weiterhin gegenwärtig bleiben (sog. positive Generalprävention). Auch eine Beratungsregelung muß daher in der Rechtsordnung unterhalb der Verfassung zum

Ausdruck bringen, daß ein Schwangerschaftsabbruch nur in Ausnahmesituationen rechtmäßig sein kann, wenn der Frau durch das Austragen des Kindes eine Belastung erwächst, die – vergleichbar den Fällen der medizinischen und embryopathischen Indikation (§ 218 a Abs. 2 und 3 StGB n.F.) – so schwer und außergewöhnlich ist, daß sie die zumutbare Opfergrenze übersteigt. Diese Orientierung gibt der verantwortlich handelnden Frau die Grundlage, ihr Handeln zu beurteilen. Dies gerade ist der Kern der Verantwortung, die der Frau mit einer Beratungsregelung überlassen ist; aus ihrer Wahrnehmung kann freilich eine Rechtfertigung nicht folgen«[20].

4) Die ärztlichen Pflichtverletzungen

Das Bundesverfassungsgericht hat dem Arzt innerhalb des Schutzkonzepts einer Beratungsregelung eine eigenständige Schutzaufgabe zugemessen[21]. Zwar werden ärztliche Pflichtverletzungen bei einem Schwangerschaftsabbruch in § 218 c StGB unter Strafe gestellt. Wenn jedoch dem Arzt eine eigenständige Lebensschutzaufgabe im Rahmen der Beratungsregelung zukommt, ist sie auch unmißverständlich im Gesetz zum Ausdruck zu bringen und darf nicht lediglich auf ein formalisiertes Ritual reduziert werden[22]. Weder ist festgelegt, daß die *Motive für den Schwangerschaftsabbruch* von der Schwangeren gegenüber dem Arzt darzulegen sind, noch wird auf die Frage der inneren Bejahung des Abbruchs oder das Vorliegen psychischer Implikationen eingegangen.

Nach § 218 c Abs. 1 StGB hat der Arzt der Frau lediglich *Gelegenheit* zu geben, ihm die Gründe für ihr Verlangen nach Abbruch der Schwangerschaft darzulegen. Er hat sie über die Bedeutung des Eingriffs, insbesondere über Ablauf, Folgen, Risiken, mögliche physische und psychische Auswirkungen ärztlich zu beraten.

Ungeachtet dessen wurde entgegen den Vorgaben des Bundesverfassungsgerichts[23] der Arzt nicht ausdrücklich gesetzlich dazu angehalten, der Schwangeren auch verständlich zu machen, daß mit dem Schwangerschaftsabbruch menschliches Leben zerstört wird. Auch auf das vom Bundesverfassungsgericht vorgegebene Verbot, innerhalb der ersten 12 Wochen *das Geschlecht des ungeborenen Kindes* bekanntzugeben[24], hat der Gesetzgeber verzichtet.

5) Die Bundesstatistik

Die Statistik soll Aufschluß darüber geben, ob das verabschiedete Gesetz einen weitergehenden Schutz des Lebens bewirkt als dies bei früheren Regelungen der Fall war und ob gewisse Nachbesserungen zum Schutz des Lebens erforderlich sind[25]. Als Erhebungsmerkmale der Bundesstatistik sind von den Leitern der Krankenhäuser, in denen Schwangerschaftsabbrüche in den letzten zwei Jahren stattfanden, die Anzahl der Abbrüche, nach Indikations- und Beratungsregelung getrennt, der Familienstand und das Alter der Schwangeren sowie die Zahl ihrer Kinder, die Dauer der abgebrochenen Schwangerschaft, die Art des Eingriffs und beobachtete Komplikationen, das Bundesland, in dem der Schwangerschaftsabbruch vorgenommen wurde, und Bundesland oder Staat im Ausland, in dem die Schwangere wohnt, sowie der Ort (Arztpraxis oder Krankenhaus) und die Dauer des Aufenthaltes dem Statistischen Bundesamt anzuzeigen[26]. Die Zahl der vorangegangenen Schwangerschaften und die Kostenträger bei Schwangerschaftsabbrüchen werden jedoch im Gegensatz zur früheren Regelung nicht mehr als Erhebungsmerkmale für die Statistik erfaßt[27]. Bemängelt wurde zwischenzeitlich auch, daß gemäß § 18 Abs. 3 Schwangerschaftskonfliktgesetz (SchKG) die Landesärztekammern bzw. Gesundheitsbehörden dem Statistischen Bundesamt auf dessen Anforderung *nur* die Anschriften der Ärzte bzw. Krankenhäuser übermitteln, die *nach ihren Erkenntnissen* Schwangerschaftsabbrüche vornehmen (wollen). Das Bundesamt für Statistik soll aber dann ohne Rechtsgrundlage handeln, wenn es den amtlichen Statistikfragebogen mit der Verpflichtung zur Beantwortung Ärzten bzw. Krankenhäusern zusendet, deren Anschriften nicht von den Landesärztekammern bzw. Gesundheitsbehörden übermittelt wurden[28]. Außerdem wird nicht erfaßt, wieviele Frauen ihr Kind im Ausland abtreiben lassen.

6) Die Einbeziehung des sozialen Umfeldes

Das Bundesverfassungsgericht empfiehlt nach seinem Beratungskonzept strafbewehrte Verhaltensgebote und -verbote für Personen des familiären, aber auch des sozialen Umfeldes, um einerseits der schwangeren Frau nicht in verwerflicher Weise den erforderlichen und zumutbaren Beistand vorzuenthalten und sie andererseits gegen ein Bedrängen zum Abbruch der Schwangerschaft zu schützen[29]. Der Gesetzesbeschluß greift dies in zwei Fällen unterschiedlich auf:

Durch die Ergänzung von § 240 StGB erfolgt lediglich eine Klarstellung der Bewertung hinsichtlich besonders schwerer Fälle der *Nötigung*. Es werden dagegen keine Fälle erfaßt, die nicht bereits vorher mit Strafe bedrohte Handlungen darstellten.

Die Ergänzung in § 170 b StGB stellt darauf ab, daß der Schwangeren nicht in besonders verwerflicher Weise der *Unterhalt* vorenthalten werden darf. Einen Unterhaltsanspruch hat die Schwangere jedoch gemäß §§ 1615 k–n BGB nur für den Zeitraum von mindestens 6 Wochen vor und 8 Wochen nach der Geburt, bzw. längstens 4 Monaten vor und einem Jahr (jetzt 3 Jahren)[30] nach der Geburt, je nachdem, ob sie einer Erwerbstätigkeit nachgeht oder nicht.

7) Die Beratung nach dem Schwangerschaftskonfliktgesetz

Während § 219 StGB die normativen Anforderungen an die Schwangerschaftskonfliktberatung regelt, ist die Durchführung der Beratung im einzelnen in dem Gesetz zur Vermeidung und Bewältigung von Schwangerschaftskonflikten, insbesondere in §§ 5 ff. des sog. *Schwangerschaftskonfliktgesetzes*, geregelt. Auch wenn § 5 dieses Gesetzes deutlich den Kompromiß zwischen den unterschiedlichen politischen Richtungen im Deutschen Bundestag vor allem bei den Hinweisen über die Ergebnisoffenheit der Beratung und die Verantwortung der Frau erkennen läßt, wird aber auch hier noch einmal ausdrücklich herausgestellt, daß die Schwangerschaftskonfliktberatung dem Schutz des ungeborenen Lebens dient[31]. Leider wurde nicht genau festgelegt, wann ein Beratungsgespräch abgeschlossen ist, noch wer darüber entscheiden soll[32]. Hier kann einerseits von einem Anspruch der Schwangeren auf Ausstellung einer Beratungsbescheinigung ausgegangen werden, wenn die Beachtung der »vorgesehenen Fristen unmöglich werden könnte«[33]. Unter welchen Umständen eine Bescheinigung andererseits verweigert werden kann, ist ebenfalls nicht konkret vorgegeben[34]. Hier erscheint jedoch die Auslegung vertretbar, daß ein Gespräch mindestens stattgefunden haben muß, da von der Schwangeren »erwartet« wird, daß sie der »beratenden Person die Gründe mitteilt, derentwegen sie einen Abbruch der Schwangerschaft erwägt«[35].

8) Die finanziellen Hilfen bei Abbruch einer Schwangerschaft

Nach den Vorgaben des Bundesverfassungsgerichts ist künftig nur noch für Schwangerschaftsabbrüche aufgrund einer *Indikationsfeststellung* die Krankenversicherungsfinanzierung zulässig[36]. Der Unrechtscharakter von Schwangerschaftsabbrüchen im Rahmen der *Beratungsregelung* soll demgegenüber insbesondere auch dadurch zum Ausdruck gebracht werden, daß die Frauen grundsätzlich selbst für die Kosten eines Schwangerschaftsabbruchs auf dieser Grundlage aufzukommen haben[37]. Sache des Gesetzgebers war es zu regeln, auf welchem Wege und unter welchen Voraussetzungen in den Fällen, in denen das Schutzkonzept der Beratungsregelung es erfordert, bei Bedürftigkeit der Frau eine Kostenübernahme durch den Staat erfolgen soll.

Demgemäß wurde ein »Gesetz zur Hilfe für Frauen bei Schwangerschaftsabbrüchen in besonderen Fällen« beschlossen. Es handelt sich dabei um ein Leistungsgesetz für bedürftige Frauen bei nicht indizierten Schwangerschaftsabbrüchen. Bedürftig sind danach Frauen mit verfügbaren persönlichen Einkünften seit dem 1. Juli 1998 unter DM 1.752,– in den alten Bundesländern bzw. DM 1.583,– im Beitrittsgebiet (1995: DM 1.700,– im Westen bzw. DM 1.500,– im Osten). Dies erhöht sich jeweils um DM 413,– in den alten Bundesländern bzw. DM 390,– im Beitrittsgebiet (1995: DM 400,– im Westen bzw. DM 370,– im Osten) für jedes unterhaltsberechtigte Kind und um maximal DM 515,– für den über DM 515,– in den alten Bundesländern bzw. DM 422,– im Beitrittsgebiet (1995: DM 500,– für den über DM 500,– im Westen bzw. DM 400,– im Osten) liegenden monatlichen Mietzins. Die gesetzlichen Krankenkassen werden hier auf Antrag als *Vermittlungsstelle* tätig[39]. Die Länder erstatten den gesetzlichen Krankenkassen die ihnen durch dieses Gesetz entstehenden Kosten[40]. Näheres dazu ist Regelungsmaterie der einzelnen Bundesländer[41]. Entsprechend der Bundesratsdrucksache 511/98 vom 28.05.1998 hat der Anteil der Schwangerschaftsabbrüche, für die eine Kostenerstattung nach dem Gesetz zur Hilfe für Frauen bei Schwangerschaftsabbrüchen in besonderen Fällen erfolgte, in 1997 bei durchschnittlich ca. 75%, in den einzelnen Bundesländern unterschiedlich zwischen 51% und 91% gelegen.

Problematisch erscheint die nicht in Gesetzeskraft erwachsende – aber zur Auslegung heranziehbare – Begründung zu § 3 des Gesetzes zur Hilfe von Frauen bei Schwangerschaftsabbrüchen[42]. In dieser Begründung (namentlich zu § 3 Abs. 2 und Abs. 5) finden sich Passagen, nach denen Antragsformulare für Leistungen auf Finanzierung eines nicht indizierten Schwangerschaftsabbruchs »in allen Beratungsstellen und bei den Krankenkassen vorliegen« *sollen* und der »Zusammenarbeit mit anderen beteiligten Stellen, insbesondere mit den Beratungsstellen«, bei der Finanzierung nicht indizierter Aborte besondere Bedeutung beigemessen wird. Die Empfehlung in der Begründung in Form einer »Sollbestimmung« bringt andererseits zum Ausdruck, daß hierzu keine Rechtspflicht besteht und eine solche Auflage z.B. den katholischen Beratungsstellen nicht von vornherein aufgezwungen werden darf. Entsprechende landesrechtliche Bestimmungen wären mit dem Beratungskonzept des Bundesverfassungsgerichts nicht vereinbar, da in den Beratungsstellen zum Schutz des ungeborenen Lebens und nicht zur Abtreibung zu beraten ist[43].

1 Plenarprotokoll 13/47 (3754 A – 3798 A).

2 BR-Drucks. 390/95 (Beschluß).

3 Bundesgesetzblatt I, 1050–1057.

4 Vgl. Bundesverfassungsgerichtsentscheidung (=BVerfGE) 88, 203 (210).

5 Vgl. § 2 Schwangerschaftskonfliktgesetz (SchKG).

6 Vgl. Abschnitt 2, §§ 5 ff. SchKG.
7 Vgl. § 4 Abs. 2 SchKG.
8 Vgl. §§ 8 S. 2 und 9 SchKG.
9 Vgl. § 8 S.1 SchKG.
10 Vgl. § 9 Ziff. 2 SchKG.
11 BVerfGE 88, 203 (210).
12 Vgl. BVerfGE 88, 203 (279) und BT-Drucks. 13/1850 (S. 25).
13 Vgl. BT-Drucks. 13/1850, S. 19 (S. 25).
14 Vgl. § 218 a Abs. 2 und 3 StGB in der Fassung des Schwangeren- und Familienhilfeänderungsgesetzes.
15 Vgl. z.B. § 2 Gesetz zur Hilfe für Frauen bei Schwangerschaftsabbrüchen in besonderen Fällen und § 24 b Abs. 4 SGB V.
16 Vgl. § 1 Gesetz zur Hilfe für Frauen bei Schwangerschaftsabbrüchen in besonderen Fällen.
17 Vgl. BVerfGE 88, 203 (insbesondere 268).
18 Vgl. BVerfGE 88, 203 (insbesondere 268, 269).
19 Vgl. BVerfGE 88, 203 (insbesondere 271).
20 Vgl. BVerfGE 88, 203 (271–272).
21 Vgl. BVerfGE 88, 203 (204, 212, 289 ff., 292 f.).
22 Vgl. BVerfGE 88, 203 (insbes. 293).
23 Vgl. ebd.
24 Vgl. ebd.
25 Vgl. BVerfGE 88, 203 (309 ff.).
26 Vgl. §§ 15–18 SchKG.
27 Vgl. BVerfGE 88, 203 (211), BGBl. I (1974), 1297 (1298).
28 Th. Giesen, Sächsischer Datenschutzbeauftragter, Wie oft wird in Deutschland abgetrieben? – Verbindliche Vorgaben des Bundesverfassungsgerichts werden mißachtet, in: Frankfurter Allgemeine Zeitung vom 28. Oktober 1997.
29 Vgl. BVerfGE 88, 203 (253, 271, 296 ff.).
30 Vgl. § 1615 l Abs. 2 Satz 3 BGB in der Fassung des Schwangeren- und Familienhilfeänderungsgesetzes.
31 Vgl. § 5 Abs. 1 Satz 4 SchKG.
32 Vgl. § 5 Abs. 2 und § 7 SchKG.
33 Vgl. § 7 Abs. 3 SchKG.
34 Vgl. § 7 SchKG.
35 Vgl. § 5 Abs. 2 Ziff. 1 SchKG.
36 Vgl. BVerfGE 88, 203 (317).

[37] Vgl. BVerfGE 88, 203 (319f).

[38] Vgl. § 3 Gesetz zur Hilfe für Frauen bei Schwangerschaftsabbrüchen in besonderen Fällen.

[39] Vgl. § 4 Gesetz zur Hilfe für Frauen bei Schwangerschaftsabbrüchen in besonderen Fällen.

[40] Vgl. ebd.

[41] Vgl. BT-Drucks. 13/1850, S. 19 (24).

[42] Vgl. § 219 Abs. 1 StGB.

[43] BVerfGE 88, 270 ff.

Der Autor dieses Beitrages ist juristischer Referent im Kommissariat der deutschen Bischöfe, Bonn.

Angelika Maier

Zur Arbeit der katholischen Schwangerschafts- und Schwangerschaftskonfliktberatungsstellen

Zahlen – Fakten – Hilfen

Auf dem Hintergrund der Diskussion um den Verbleib der katholischen Beratungsstellen in der gesetzlichen Schwangerschaftskonfliktberatung werden noch einmal die Chancen und Grenzen der Pflichtberatung aufgezeigt.

Der Gesetzgeber hat auf der Grundlage des Bundesverfassungsgerichtsurteils von 1993 im Schutzkonzept der Beratungsregelung den Paradigmenwechsel »Hilfe vor Strafe« umgesetzt. Er geht davon aus, daß in der Frühphase der Schwangerschaft über Beratung und Hilfen das ungeborene Leben mit der Mutter wirksamer geschützt werden kann als durch Strafandrohung. Für diesen Paradigmenwechsel hat das Bundesverfassungsgericht notwendige Rahmenbedingungen, die positive Voraussetzungen für ein Handeln der Frau zugunsten des ungeborenen Lebens schaffen,[1] aufgestellt, die im Schwangeren- und Famlienhilfeänderungsgesetz umgesetzt sind:

- Die Beratung für die Frau wird zur Pflicht gemacht und
- die Zielorientierung der Beratung ist auf den Erhalt des ungeborenen Lebens ausgerichtet;
- Personen, die auf den Willen der Frau im Schwangerschaftskonflikt Einfluß nehmen können, werden in die Beratung einbezogen, und
- Angebote und Hilfen für Mutter und Kind, die die Entscheidung für das Kind auch tatsächlich stützen, werden bereitgestellt.

Das Bemühen der Kirche ist, Frauen zu erreichen, die sich in einem existentiellen Konflikt befinden. Während es in anderen Lebenssituationen für anvertraute Menschen ein stellvertretendes Ja durch andere gibt, kann im Schwangerschaftskonflikt das Ja der Mutter zu ihrem Kind nicht durch andere gegeben werden. Die katholische Kirche hat sich in der öffentlichen Auseinandersetzung eindeutig positioniert und weist unermüdlich auf die Gefährdung des ungeborenen Lebens hin.

Sie bleibt bei diesen Forderungen nicht stehen, sondern bringt sich in diese Auseinandersetzung wertorientiert durch die katholischen Schwangerschaftskonfliktberatungsstellen ein, um die Orientierungs- und Entscheidungsfähigkeit der Ratsuchenden bzw. des Paares zum Schutz des Ungeborenen zu verbessern sowie die Eigeninitiative der Ratsuchenden für eine tragfähige Entscheidung zugunsten des ungeborenen Kindes zu fördern.

Die Beratung nimmt die ratsuchende Frau als unverwechselbare Person mit der ihr eigenen Lebensgeschichte ernst, so wie sie sich zu sehen vermag mit all dem, was ihren Konflikt, ihre Not und ihre Hoffnungen ausmachen. Wichtig ist hierbei der Aufbau einer vertrauensvollen Beziehung zur Frau und eine *gemeinsame* Aufarbeitung ihrer Situation in einem offenen Gespräch. Die Beraterin kann dazu beitragen, daß die Ratsuchende aus ihren Sorgen und Ängsten heraus zu einer neuen Gewißheit findet und sich aus eigener sittlicher Verpflichtung heraus für ihr Kind zu entscheiden vermag.

Voraussetzung hierfür ist, daß die Ratsuchende zu einer größeren Klarheit über sich, über ihre persönliche und familiäre Lebenssituation und über die Hintergründe ihrer akuten Konfliktsituation findet. Die Mitwirkung und die Gesprächsbereitschaft gehören konstitutiv dazu. Es geht um die Klärung ambivalenter Motivationen bei der Schwangeren selbst, um die Stärkung ihrer eigenen Identität und ihrer Fähigkeit, sich unabhängig von

Fremdeinflüssen für das Leben des Kindes entscheiden zu können. Hierbei geht es auch darum, die Ratsuchende zu einer eigenen Lebensgestaltung zu ermutigen. Beratung orientiert sich an der individuellen Situation der Ratsuchenden und berücksichtigt sowohl Ursachen und Zusammenhänge von Konflikten als auch zukünftige Lebensfragen von Mutter, Kind und anderen Bezugspersonen.

Beratung und Hilfen müssen umfassend geleistet werden. Ausgangspunkt der Hilfe ist das beraterische Gespräch, das das Lebensumfeld einbezieht und ressourcen- und lösungsorientiert ausgerichtet ist.

Aus der Reflexion der konkreten Lebenssituation müssen zusammen mit der Beraterin konkrete Wege gesucht werden, wie Mutter und Kind gemeinsam leben können.

Die Hilfen sind integrativer Bestandteil der Beratung; sie müssen von den Beraterinnen selbst angeboten, geleistet oder vermittelt werden. Welche Hilfen notwendig sind, ergibt sich erst im Gespräch mit den Ratsuchenden.

Die Möglichkeit und Gewißheit, auch nach der Geburt des Kindes mittel- und langfristig bis zu drei Jahren Beratung, Begleitung und Hilfe bei der Bewältigung von Schwierigkeiten zu erfahren, erleichtert oft die Entscheidung zur Fortsetzung der Schwangerschaft.

Diese zentralen Elemente des Schwangerschaftskonfliktprozesses erfordern ein hohes Maß an Beratungskompetenz und persönlicher Reife der Beraterin. Ihre Person ist »Instrument« der Beratung, deshalb muß die Beratungsausbildung neben methodischem Lernen auch die Persönlichkeitsentwicklung der Beraterin im Blick haben.

Zwischenbilanz

Die Pflichtberatung bietet Chancen. Die Kirche kann hier Frauen erreichen, die sich in einem existentiellen Konflikt befinden, und sie kann die Orientierungs- und Entscheidungsfähigkeit der Ratsuchenden bzw. des Paares zugunsten eines Lebens mit dem Kind verbessern.

Innerhalb des pluralen Angebotes von Beratungsstellen bringt sich die Kirche aus ihrem eigenen Selbstverständnis und aus ihrem eigenen Auftrag zum Schutz des Ungeborenen und zur Hilfestellung für die in Not geratene Frau *wertorientiert* ein. Der ganzheitliche Beratungsansatz schließt die Gewährung und die Vermittlung der zur Verfügung stehenden materiellen und nichtmateriellen Mittel ein. Eine längerfristige Begleitung über die Geburt hinaus wird angeboten.

Die Pflichtberatung hat Grenzen. Die Kirche kann der Frau die Entscheidung für oder gegen das Kind nicht abnehmen, aber sie kann ihr helfen, ihren Konflikt im Lebenszusammenhang zu verstehen. Die Letztverantwortung bleibt bei der Frau.

Die Deutsche Bischofskonferenz hat gerade in dieser Zeit des Umbruchs in der Gesellschaft, in der Werte und Normen neu geprüft werden, den katholischen Beratungsstellen einen zukunftweisenden Weg für deren Beratungsarbeit aufgezeigt. Das, was der Gesetzgeber im Bundesgesetz undeutlich formuliert hat und was im Beratungsbereich zu Mißverständnissen Anlaß gibt, wurde durch die Vorläufigen Bischöflichen Richtlinien für die katholischen Beratungsstellen eindeutig geklärt.

Der Gesetzgeber hat das Schutzkonzept der Beratungsregelung, das zielorientiert auf das Lebensrecht des Kindes und auf die in Not geratene Frauen ausgerichtet ist, umgesetzt. Es ist seine Pflicht, dazu auch tatsächlich ein umfassendes Netz von familien- und sozialpolitischen Hilfen zur Verfügung zu stellen. Ein Schutzkonzept kann seine Wirksamkeit nur erweisen, wenn beide Aspekte stimmig sind. Diese Kongruenz hat das Bundesverfassungsgericht vorgegeben.[2] Darüber hinaus ist weiter vom Staat zu erwarten, daß die zielorientierte Beratung zum Schutz des ungeborenen Lebens auch tatsächlich nur mit Hilfen verknüpft werden, die dazu beitragen, dieses zu erhalten. Das Bundesverfassungsgericht verpflichtet den Gesetzgeber ausdrücklich, die Auswirkungen seines neuen Schutzkonzeptes im Auge zu behalten.[3]

Zahlen – Fakten – Hilfen – Ergebnisse 1997

Der Deutsche Caritasverband führt seit Jahren Erhebungen zur Beratung in den katholischen Schwangerschaftskonfliktberatungsstellen durch. Erhebungsinstrument ist ein auf die ratsuchende Frau ausgerichteter Fragebogen. Im Blick sind die Situation der Frau, ihre Nöte und Bedürfnisse, die Situation der Partnerschaft sowie die der (zukünftigen) Familie. Erfaßt werden u.a. – entsprechend dem integrativen Beratungs- und Hilfeansatz der katholischen Schwangerschaftskonfliktberatungsstellen – die angebotenen und vermittelten Hilfen.

1. Gesamtzahl der Ratsuchenden

Erstberatungen (1. Jahr der Beratung)	94.956
2. Jahr der Beratung	18.434
3. Jahr der Beratung	2.883
Gesamt	*116.273*

1997 haben 116.273 Frauen die katholischen Schwangerschaftskonfliktberatungsstellen aufgesucht. Davon sind 94.956 zum ersten Mal *(Erstberatung)* in die Beratungsstelle gekommen. Weitere 18.434 Frauen waren 1997 im *2. Jahr der Beratung*, da sie weiterhin Hilfe und Beratung benötigten. Sie hatten bereits 1996 die Beratungsstelle aufgesucht und standen nun weiterhin in Kontakt mit ihr; z.T. wurde das Kind erst 1997 geboren. Wie notwendig die Begleitung durch die Beratungsstellen sein kann, zeigt die Zahl der Frauen, die auch im *3. Jahr nach dem Erstbesuch* noch mit der Beratungsstelle in Kontakt stehen. 1997 waren dies 2.883 Frauen.

2. Ratsuchende nach Art der Beratung

In den katholischen Beratungsstellen stellen die *Frauen, die während ihrer Schwangerschaft zur Beratung kommen und Beratung und Hilfe erwarten, ohne einen Schwangerschaftsabbruch in Erwägung zu ziehen,* die größte Gruppe dar. 1997 lag der Anteil für die Frauen, die in diesem Jahr die Beratungsstellen zum ersten Mal aufgesucht haben, bei 79%. Für diese Zielgruppe ist die Beratung gem. § 2 SchKG unstrittig. Sie erwarten mit ihren vielfältigen Nöten und Problemen *in* und *nach der Schwangerschaft* Hilfe von diesem Dienst. In dem Rechtsanspruch auf Beratung gem. § 2 SchKG ist auch die umfassende Beratung und Hilfe für behinderte Menschen und ihre Familien – vor und nach der Geburt – einbezogen. Diese gesetzliche Regelung ist eine Verbesserung gegenüber der vorherigen Rechtslage.

Eine weitere Gruppe sind die Frauen, die eine Konfliktberatung wünschen. Für 1997 beträgt der Anteil der *Konfliktberatungen nach § 219* an den Erstberatungen 21%. In absoluten Zahlen ausgedrückt: 1997 kamen 20.097 Frauen zur Konfliktberatung. Der prozentuale Anteil der Konfliktberatungen in den katholischen Beratungsstellen blieb konstant. Nach wie vor beeinflussen soziale Belastungen, Arbeitslosigkeit, fehlende Zukunftsperspektiven und drohender Sozialabbau die Entscheidung vieler Paare für die Gründung oder Vergrößerung einer Familie.

Frauen, die mit Problemen nach einem Schwangerschaftsabbruch kommen, stellten 1997 mit 0,1% eine kleine Gruppe dar. Die Erfahrungen vieler Beratungsstellen gehen dahin, daß die meisten Frauen, auch wenn sie psychische, physische oder soziale Probleme haben, die mit einem Schwangerschaftsabbruch im Zusammenhang stehen, sich nicht an eine Schwangerschaftskonfliktberatungsstelle wenden – es sei denn, anläßlich einer neuen Schwangerschaft. Frauen mit Problemen nach einem Schwangerschaftsabbruch wenden sich eher an Selbsthilfegruppen, oder sie tauchen in anderen Zusammenhängen und Krisen bei Ärzten, Eheberatern und Psychologen auf.

Im folgenden werden nur die Ergebnisse der Erhebung für die Frauen näher betrachtet, die 1997 zur gesetzlich vorgeschriebenen Schwangerschaftskonfliktberatung gekommen sind.

3. *Persönliche Situation der Ratsuchenden*

Familienstand: Betrachtet man den Familienstand der Frauen in der Konfliktberatung, so zeigt sich, daß ledige Frauen mit 41% und verheiratete Frauen mit 43% einen fast gleich hohen Anteil haben. Geschieden sind 9%, getrennt lebend sind 5,7%. Für 0,2% liegen keine Angaben vor.

Konfession/Religion: Der Anteil der katholischen Frauen liegt bei 39%, die evangelischen Frauen sind mit 18% vertreten, die islamischen Frauen haben einen Anteil von 12%. Sonstigen Religionsgemeinschaften gehören 4% an, keine Religionszugehörigkeit nennen 10%, bei 17% bleibt die Konfession bzw. Religion unbekannt. Innerhalb der weltanschaulichen Pluralität des Beratungsangebotes, die vom Gesetzgeber gewollt ist, sind die katholischen Beratungsstellen ein wichtiger Faktor.

Nationalität: Der Anteil der *deutschen* Frauen liegt bei 75%. D.h. ein Viertel der Ratsuchenden in den katholischen Schwangerschaftskonfliktberatungsstellen sind ausländische Frauen. Nach den einzelnen Nationalitäten betrachtet, ergibt sich folgendes Bild: 7% sind *türkische* Frauen, die Frauen aus den *(Teil-)Republiken des ehemaligen Jugoslawien* haben einen Anteil von 5%, aus dem *nichteuropäischen Ausland* sind 6%, aus *anderen europäischen Ländern* kommen 5% der ausländischen Frauen. Bei einer kleinen Anzahl bleibt die Nationalität unbekannt.

4. Gründe für den Besuch der Beratungsstelle

Aus den erhobenen Daten werden einige Aspekte herausgegriffen. Bei den Ratsuchenden liegt eine Vielfalt von Problemen vor, die zum Anlaß werden, im Schwangerschaftskonflikt eine Beratungsstelle aufzusuchen. Gruppiert man die Probleme, ergibt sich für 1997 folgendes Bild:

4.1 Einstellung zum erwarteten Kind

Die *Einstellung zu dem erwarteten Kind* wird mit folgenden Kategorien erfaßt: die Klientin wünscht z.Zt. kein Kind – dies geben 57% an – und: die Klientin wünscht kein Kind (mehr) – dies geben 32% an.

Wenn 57% der Frauen angeben, daß sie *zur Zeit kein Kind* wünschen, dann ist dies nicht als eine grundsätzliche Ablehnung eines Kindes zu verstehen. Es überrascht, daß über 50% der Frauen zum Zeitpunkt des Konfliktes eine grundsätzlich positive Einstellung zu einem Kind haben. Allerdings sind es die gegenwärtigen Lebensbedingungen, die es ihr schwer machen, sich auf ein Kind einzustellen und es in den eigenen Lebensplan zu integrieren. Zu den Frauen, die *kein Kind (mehr)* wünschen, gehören insbesondere auch jene, die ihre Familienplanung nach erfülltem Kinderwunsch abgeschlossen haben.

Diese Ergebnisse stehen in engem Zusammenhang mit den übrigen Problemnennungen.

4.2 Grundlegende Veränderung der Lebenssituation

Eine Schwangerschaft bzw. die Geburt eines Kindes bedeutet immer eine *grundlegende Veränderung der Lebenssituation* der Frau bzw. ihrer Familie. Die berufliche Situation geben 46,9% als Problem an.

Knapp die Hälfte der Frauen, die in den ersten zwölf Wochen einer Schwangerschaft zur Konfliktberatung kommen, benennen die berufliche Situation als Grund für die Belastung. Darin zeigt sich, daß die meisten jungen Frauen nach ihrer Ausbildung zunächst eine berufliche Orientierung und finanzielle Sicherheit haben. Mit einem Kind müssen Familie und Erwerbstätigkeit in Einklang gebracht werden. Gelingt dies nicht, kann ein Konflikt ausgelöst werden. Eine (weitere) Schwangerschaft kann den finanziellen Spielraum stark einengen und vorhandene Schwierigkeiten noch verstärken. Es ist offensichtlich, daß viele junge Familien auf einen zweiten Verdienst angewiesen sind.

Das Problem, *alleinerziehend* zu werden oder als Alleinerziehende zu leben, benennen 27%. Diese Situation wird als belastend empfunden und kann noch verstärkt werden durch fehlende Möglichkeiten zur Vereinbarkeit der Sorge für das Kleinkind und der beruflichen Situation sowie die unzureichende finanzielle Absicherung der Frau.

Das Problem *Nichtehelichkeit/Außerehelichkeit* des Kindes benennen 28%.

Probleme im Beziehungsbereich zeigen sich in Schwierigkeiten in der Partnerbeziehung mit 41%, und in Schwierigkeiten in der Beziehung zu den Eltern mit 13%. Dem *Druck des Partners*, der sich gegen die Schwangerschaft stellt, sehen sich 14% ausgesetzt. *Druck des sozialen Umfeldes* erfahren 13%. Den *Druck und die Ablehnung durch die Familie* benennen 8% der Frauen.

Die *physisch-psychische Situation* der Ratsuchenden wird mit verschiedenen Kategorien erfaßt: Die physisch-psychische Belastung spielt bei 71% der Frauen in der Konfliktberatung eine große Rolle, Angst vor Verantwortung/Zukunftsangst haben 61%. Das Alter spielt bei 28% eine Rolle. Die gesundheitliche Situation der Mutter ist bei einem Viertel der Frauen ein Problem. Angst vor Schädigung des Kindes benennen 13%. Die Angaben zu Problemen nach einer Fehl- oder Totgeburt, durch ein behindertes Kind in der Familie und zu Problemen nach einem früheren Schwangerschaftsabbruch liegen bei 3%.

4.3 Finanzielle und materielle Lebenssituation

Für die Ratsuchenden sind neben den gravierenden Belastungen im physisch-psychischen Bereich fehlende lebenssichernde Grundlagen von Bedeutung. Bei einer ungewollt eingetretenen Schwangerschaft kreisen die Hauptsorgen um die künftige Existenzsicherung. Die Zahlen zeigen die schwieriger werdenden Situationen für Familien mit Kindern – besonders die der jungen Familien –, der Alleinerziehenden und der Mehrkinderfamilien.

Die finanzielle Situation ist für 67% der Frauen in der Konfliktberatung von großer Bedeutung. Das Wohnungsproblem wird von 29% genannt. Das Problem, Ausländerin/Asylantin zu sein, wird von 15% der Frauen genannt. Arbeitslosigkeit nennen 14% als ein Problem.

5. Beratung und Vermittlung von Hilfen in der Schwangerschaft

»Das Konzept der katholischen Beratungsstellen verknüpft persönliche Beratung mit konkreter Hilfe und eröffnet dadurch eine Perspektive für ein Leben mit dem Kind. Die Beratung schließt die Gewährung und Vermittlung der zur Verfügung stehenden Hilfen für Schwangere, Mütter und Kinder ein, die die Fortsetzung der Schwangerschaft und die Lage von Mutter und Kind erleichtern.«[4] – Mit diesem integrativen Ansatz wird die Umsetzung des Lebensschutzkonzeptes in den katholischen Beratungsstellen realisiert.

5.1 Beratungshilfen

Für alle Frauen ist die psycho-soziale Beratung im Schwangerschaftskonflikt für sich allein schon eine wichtige Hilfe zur Klärung der eigenen Lebenssituation. Dieses Angebot nehmen 25% der Ratsuchenden mehrmals bzw. häufig in Anspruch. Die Begriffe ›mehrfach‹ und ›häufig‹ beinhalten drei bis sechs und mehr Beratungsgespräche pro Frau.

Die Einbeziehung des Partners in die Beratung gelang bei 20% der Ratsuchenden.

Beratung in Sexualfragen und Familienplanung spielt mit knapp 69% eine gewichtige Rolle, zumal viele Frauen die ungeplante Schwangerschaft als ihr Versagen ansehen.

Die Beratung in sozialen Fragen und Leistungen gehört mit 91% zu den wichtigsten Bereichen für die Ratsuchenden; sehr oft hängt für die Frau die soziale Grundsicherung der nächsten Jahre davon ab.

Knapp 30% werden zur Fachberatung weitergeleitet. Individuelle Problemlagen, wie Überschuldung, psychische Labilität, Schwierigkeiten bei der Erziehung usw. erfordern gesonderte zusätzliche Hilfen.

Die Beratung in Fragen einer Adoption spielt in der Schwangerschaftskonfliktberatung eine unterschiedliche Rolle. 6% der Frauen möchten sich diesem Angebot verstärkt zuwenden. Erfahrungsgemäß wird diese vor allem bei Minderjährigen und jüngeren Frauen nachgefragt, wenn für die Schwangere ein gemeinsames Leben mit ihrem Kind unvorstellbar oder unmöglich erscheint.

5.2 Lebenspraktische Hilfen

Die geringe Durchschaubarkeit im Bereich der sozialen Hilfen und die eigene Betroffenheit der Frau können den Blick auf weiterführende Perspektiven verengen. Durch das Aufzeigen und Vermitteln von Hilfen wird dazu beigetragen, daß die Bedingungen für eine Entscheidung zum Kind verbessert werden.

Unterstützung und Hilfe bei Behördenkontakten erhalten rund 12%, weitere 11,2% werden bei der Durchsetzung von Rechtsansprüchen unterstützt.

Sachleistungen (wie z.B. Einkaufs-, Transporthilfen, handwerkliche Unterstützung), Wohnraumbeschaffung, Vermittlung einer Familienpflegerin oder Haushaltshilfe oder Vermittlung in eine Kur sowie Unterstützung durch Ehrenamtliche und weitere sonstige Hilfen erhalten über 25% der Frauen. Diese Hilfen werden angesichts der restriktiven Genehmigungspraxis von Behörden immer wichtiger.

5.3 Wirtschaftliche Hilfen (freiwillige finanzielle Hilfen)

Die aufgeführten freiwilligen finanziellen Hilfen sollten nicht isoliert von den anderen Hilfen gesehen werden, sondern im Zusammenhang mit den psycho-sozialen und lebenspraktischen Hilfen. Sie sind unerläßlich und wirken in Drucksituationen entlastend. Frauen machen dabei die Erfahrung, daß sie durch die Unterstützung von außen eine schwierige Situation bewältigen können.

Mittel aus der Bundesstiftung, aus Landesstiftungen, aus kommunalen Hilfsfonds sind für die Frauen eine wichtige Stütze in der akuten Krise; darüber hinaus stehen katholischen Beratungsstellen zusätzlich Mittel aus dem Bischöflichen Hilfsfonds und sonstige Spendenmittel zur Verfügung, die nachrangig nach allen anderen freiwilligen Mitteln eingesetzt werden. Innerhalb der Konfliktberatung erhalten 26% der Frauen diese wirtschaftlichen Hilfen zugesagt.

6. *Beratungsnachweis*

Der Beratungsnachweis, der nach Abschluß der Beratung ausgestellt wird, bestätigt eine erfolgte Beratung, die vom gesetzlichen Auftrag und Bemühen der beratenden Person her ausdrücklich auf die Vermeidung eines Schwangerschaftsabbruchs ausgerichtet ist. Ein eventueller späterer Schwangerschaftsabbruch wird dadurch weder gerechtfertigt noch gebilligt.

Für die Frauen, die die gesetzliche Konfliktberatung in Anspruch genommen haben, ist der Anteil mit ausgestelltem Beratungsnachweis entsprechend hoch. 1997 betrug der Anteil 76%. Interessant ist, daß für 24% der Frauen in der Konfliktberatung kein Beratungsnachweis ausgestellt worden ist. Dies kann bedeuten, daß eine nicht geringe Anzahl von Frauen schon während der Beratung ihren Blick auf eine Zukunft mit dem Kind geöffnet hat. Es kann ferner bedeuten, daß die Beraterin aufgrund des Gesprächsverlaufs zu dem Ergebnis kommt, daß sie den Nachweis nicht ausstellen kann, da die Beratung nicht zustandegekommen ist oder weil die Ratsuchende die Beratung abgebrochen hat.

7. *Ausgang der Schwangerschaft*

Für 1997 ist bekannt, daß 25% der Frauen, die in katholischen Beratungsstellen die vorgeschriebene Schwangerschaftskonfliktberatung in Anspruch genommen haben, sich für das Kind entschieden haben. Davon waren 16% zum Zeitpunkt der Erfassung der Beratung *noch schwanger,* 8% hatten das Kind bereits geboren, 1% der Frauen hatten eine Fehl-/Totgeburt. Bei knapp 7% der Frauen bestand die Tendenz zum Schwangerschaftsabbruch, bei 69% blieb der Ausgang unbekannt.

Der Ausgang der Schwangerschaft wird in den Kategorien *Noch schwanger, Kind geboren, Fehlgeburt/Totgeburt, Schwangerschaftsabbruch* und *unbekannt* erfaßt. *Noch schwanger* bedeutet, daß die Entscheidung für das Kind zum Zeitpunkt der Erhebung feststeht. *Kind geboren* bedeutet, daß der Beraterin die Geburt des Kindes zum Zeitpunkt der Erhebung definitiv bekannt ist. Für die Auswertung der Statistik dürfen die Rubriken *Noch schwanger* und *Kind geboren* zusammen gesehen werden.

Ausgang *Schwangerschaftsabbruch* bedeutet, daß die Beraterin bei Abschluß der Beratung bei der Schwangeren eine Tendenz zum Schwangerschaftsabbruch wahrnimmt.

Ausgang *unbekannt* bedeutet, daß die Beratung zu einem Zeitpunkt beendet wurde, in dem der Schwangerschaftsabbruch noch möglich war, und daß die Beraterin die letztliche Entscheidung der Ratsuchenden nicht kennt. Da die Tendenz vieler Frauen beim letzten Beratungsgespräch ambivalent ist, darf die Zahl für *unbekannt* keinesfalls mit der für Schwangerschaftsabbrüche gleichgesetzt werden. In der Anzahl mit *unbekanntem* Ausgang ist nämlich ein Anteil an vermiedenen Schwangerschaftsabbrüchen enthalten. Eine weitere Inanspruchnahme der Beratungsstelle unterbleibt in solchen Fällen zum Beispiel dann, wenn die Schwangere eigene Kräfte und Unterstützung aus dem persönlichen Umfeld mobilisieren kann und weitergehende Hilfen nicht benötigt.

8. Angaben des Statistischen Bundesamtes 1997

Mit der Neuregelung der Bundesstatistik zur Erfassung der Schwangerschaftsabbrüche ist verpflichtend vom Gesetzgeber vorgegeben worden, die Auskunft über vorgenommene Schwangerschaftsabbrüche unter Angabe der Anschrift des Auskunftspflichtigen der ambulanten oder stationären Einrichtung zu erteilen. Eine anonyme Abgabe der Meldungen ist nicht mehr zugelassen. Mit den strengeren Vorgaben will der Gesetzgeber erreichen, daß die Dunkelziffer der Schwangerschaftsabbrüche verringert wird.

Laut Statistischem Bundesamt wurden 1997 in der Bundesrepublik Deutschland 130.890 legale Schwangerschaftsabbrüche gemeldet. Die Zahl der statistisch erfaßten Schwangerschaftsabbrüche ist in diesem Zeitraum – verglichen mit dem Jahr 1996 – nicht weiter angestiegen. Trotz der verbesserten Situation kann nicht davon ausgegangen werden, daß alle Schwangerschaftsabbrüche gemeldet werden.

Hinsichtlich des *Familienstandes* hat sich gegenüber den Vorjahren keine Veränderung ergeben. Etwas mehr als die Hälfte der Frauen, nämlich 52%, die einen Schwangerschaftsabbruch vornehmen lassen, sind verheiratet, 41% der Frauen sind ledig, 6% geschieden und 0,5% verwitwet.

Betrachtet man dazu die Ratsuchenden in katholischen Beratungsstellen nach dem Familienstand und nach der *Tendenz zum Schwangerschaftsabbruch,* so zeigt sich, daß 40% ledig, 45% verheiratet, 8% geschieden, 5% getrennt lebend, 2% verwitwet sind. Danach ist auch hier zu vermuten, daß bei den Verheirateten die Tendenz zu einem Schwangerschaftsabbruch größer ist als bei der Gruppe der Ledigen.

Übersicht: Anzahl der katholischen Schwangerschaftsberatungsstellen nach Bundesländern

Bundesland	*Anzahl der kath. Beratungsstellen* *	*Bundesland*	*Anzahl der kath. Beratungsstellen* *
Baden-Württemberg	43	Niedersachsen	37
Bayern	24	Nordrhein-Westfalen	61
Berlin	6	Rheinland-Pfalz	31
Brandenburg	4	Saarland	6
Bremen	3	Sachsen	8
Hamburg	2	Sachsen-Anhalt	3
Hessen	23	Schleswig-Holstein	6
Mecklenb.-Vorpomm.	7	Thüringen	6
Gesamt			270

* *ohne Nebenstellen*

1 Vgl. BVerfGE 88, 270ff.

2 Vgl. BVerfGE 88, 272/273.

3 Vgl. BVerfGE 88, 269; Beobachtungs- und Nachbesserungspflicht.

4 Vorläufige Bischöfliche Richtlinien § 3 [in diesem Band].

Die Autorin dieses Beitrags ist Referatsleiterin (Abt. Familienhilfe) beim Deutschen Caritasverband in Freiburg.

Bischof Franz Kamphaus

Besuch bei den Schwangerenkonfliktberatungsstellen im Bistum Limburg

In den vergangenen Jahren habe ich mehrmals mit allen Beraterinnen des Bistums gemeinsam gesprochen. In den vergangenen Monaten habe ich die elf kirchlichen Beratungsstellen im Bistum besucht, um persönlich mit jeder Beraterin und mit betroffenen Frauen zu sprechen. Ich wollte nicht weiter über sie sprechen und schreiben und Entscheidungen treffen, ohne mit ihnen gesprochen und einen unmittelbaren Einblick in ihre Situation erhalten zu haben. Wie kommen sie dazu, an Abtreibung zu denken? Wo liegt der Konflikt? Was vor allem brauchen sie, damit sie ihrem Kind das Leben schenken? Welchen Stellenwert hat für sie der Beratungsschein? – Inzwischen habe ich die Beratungsstellen besucht und nicht nur mit unseren 26 Beraterinnen, sondern auch mit 24 betroffenen Frauen ausführlich in bis zu einstündigen Einzelgesprächen gesprochen. Der Inhalt ist dokumentiert.

1. Erfahrungen aus den Gesprächen mit betroffenen Frauen

- Sie sprechen ganz frei von ihrem Leben. Das Gespräch läuft viel unbefangener, als ich das gedacht hatte. Zu Anfang war ich viel aufgeregter als die betroffenen Frauen.
- Ich habe keinen Mann zu sehen bekommen.
- Etwa 80% der Gesprächsteilnehmerinnen sind Alleinerziehende. Die Männer sind auf und davon.
- Etwa 50% hatten vorher schon einmal abgetrieben. Das Unrechtsbewußtsein über diese Tat ist ganz unterschiedlich entwickelt, oft unterentwickelt.

- Es gibt nichts, was es nicht gibt. Ganz verwickelte, chaotische Lebensgeschichten.
- Von den Frauen, mit denen ich gesprochen habe, waren nur etwa ein Drittel katholisch.
- Ich habe Kontakt bekommen zu einer Personengruppe, der ich in den normalen kirchlichen Zusammenhängen nicht begegne.

2. Die Hauptprobleme der Frauen

- Sie leben in sozial schwierigen Verhältnissen (Wohnung, Schulden).
- Sie leiden unter Beziehungsproblemen (Partner – Eltern – Familie).
- Der Druck der Umgebung (Männer, Familie ...) ist unheimlich.
- Ihre Lebensplanung ist über den Haufen geworfen.
- Mehrere Frauen berichten, sie hätten wegen ihrer Schwangerschaft ihren Arbeitsplatz verloren. Bei den ganz jungen Frauen ist oft die Ausbildung in Frage gestellt.

Fazit: Die Frauen sind in vielfacher Hinsicht alleingelassen, einfach arm dran. Ihre größte Sorge ist: Wer hilft mir, wenn das Kind zur Welt gekommen ist? Da brauchen sie Sicherheit, Menschen, die sagen: Wir sind für dich da, wir lassen dich/euch nicht hängen. – Es geht hier nicht zuletzt um die vorrangige Option für die Armen. Ich bin in den 16 Jahren meines Dienstes als Bischof selten so unmittelbar armen Menschen begegnet wie im Gespräch mit diesen Frauen.

3. Ein Netzwerk von Hilfen

Mit einer einmaligen Beratung ist wenig geholfen. Gefragt ist eine intensive, weit über den Augenblick hinausführende Begleitung. Hier liegt die große Chance unserer Beratungsstellen. Wir haben hochmotivierte, sehr kompetente und reife Beraterinnen. Sie sind sehr verantwortungsvoll bei ihrer Sache, über die Dienststunden hinaus engagiert: Urlaub mit Alleinerziehenden, Hausbesuche, Arzt- und Behördenkontakte. Mein Eindruck: Die Beratungskapazität müßte dringend erweitert werden.

Unsere Chance gegenüber anderen Beratungsstellen liegt darin, daß wir ein Bündel von Beratungs- und Hilfsmöglichkeiten anbieten können:

- Wir geben nicht nur eine einzelne Beratung, sondern eine Sequenz von Beratungen, Telefonkontakten etc.
- Die Caritas hat ein ganzes Netzwerk von Diensten, die einspringen können.
- Von besonderer Bedeutung ist die Familienpflege.
- Die Kontakte zu den kommunalen Stellen und zu anderen Beratungsstellen schaffen Hilfe.
- Die Kontakte zu Pfarrgemeinden müssen ausgebaut werden: Bedeutung des ehrenamtlichen Engagements, Kreise von Helferinnen und Helfern.
- Wohnungsvermittlung: Wohnheim, Wohngruppe, betreutes Wohnen. Bedeutung unseres gemeinnützigen Siedlungswerkes.
- Finanzielle Hilfe (Bundesstiftung, Bischöflicher Hilfsfonds).
- Mutter-Kind-Gruppen, Kindertagesstätten.

Unsere ganze Diskussion ist enggeführt auf den Schein und geht an der Situation der Betroffenen vorbei. Sie löst die Frage nicht, wie den in einen Konflikt geratenen schwangeren Frauen wirklich zu helfen ist, damit sie ihren Kindern das Leben schenken. Die Zusage eines »Hilfepaketes« von der anfänglichen Beratung bis zum Kindergartenplatz wirkt sich lebensrettend aus.

4. Die Frage nach dem Beratungsschein

Es geht nicht nur um den Beratungsschein, gleichwohl geht es auch um den Beratungsschein. Viele Frauen, die zu uns kommen, schwanken, was sie tun sollen. Sie sind zumeist noch nicht fest zur Abtreibung entschlossen, aber nahe dran.

- 18 der 24 Frauen, mit denen ich gesprochen habe, wären nicht zur kirchlichen Beratungsstelle gekommen, wenn sie dort keinen Beratungsschein erhalten hätten. Einige hatten schon zu Pro familia Kontakt aufgenommen.
- Viele der Frauen, die zu uns kommen, sind durch Ärzte auf uns hingewiesen worden. Die Ärzte sind in diesem Zusammenhang von großer Bedeutung. Sie geben den Frauen die Auskunft, daß sie schwanger sind. Wozu sie in dieser Situation (oft ist es eine Art Schock) raten, ist lebensentscheidend. Die Mediendiskussion um den Papstbrief Anfang des Jahres hat nicht wenige Ärzte dazu geführt, unsere Beratungsstellen nicht mehr zu empfehlen. Viele Ärzte mußten erst durch persönliche Besuche der Beraterinnen neu überzeugt werden, daß unsere Beratungsstellen weiterhin im staatlichen Beratungssystem sind. Wenn wir uns daraus zurückziehen, sind wir für sie abgemeldet. Unsere Arbeit wirkt sich auch auf andere Beratungsstellen und auf die staatlichen Instanzen aus; wir bringen andere zum Nachdenken durch unsere fachliche und ethische Kompetenz. Wenn wir aus dem Beratungssystem aussteigen, sind wir einfach draußen vor der Tür. In unserer Gesellschaft werden wir durch Proteste wenig bewirken. Nachhaltig beeinflussen und verändern können wir die Situation nur, wenn wir uns kraftvoll einmischen.
- In Sachen sexueller Aufklärung haben wir das Feld seit Jahrzehnten geräumt: Inzwischen hat Pro familia ausgebildete Teams, die den Schulen und anderen Bildungseinrichtungen zur Verfügung stehen. In unseren Großstädten läuft die Aufklärung über

Fragen der Sexualität weitestgehend über Pro familia und damit an uns vorbei.

- Wenn wir uns in Sachen Konfliktberatung ausklinken, räumen wir auch dieses Feld für andere. Wenn wir uns zurückziehen, sind wir in diesem Bereich keine Gesprächspartner mehr (für Ärzte, für staatliche Stellen, für andere Beratungsstellen). Wir haben viel zu verlieren!

Der Papst sagt in seinem Brief vom Anfang des Jahres, es gehe darum, »die Präsenz der Kirche in der Beratung nicht nur nicht vermindern zu lassen, sondern noch zu verstärken«. In der Tat, das ist unsere Aufgabe. Wir müssen von den betroffenen Frauen so viele wie möglich für unsere Beratungsstellen gewinnen. Das ist der beste Weg, um ihren Kindern das Leben zu retten. Das Bistum Limburg hat sich in diesem Jahr bemüht, in einer bistumsweiten Aktion diesem Ziel näherzukommen.

Limburg, 27. November 1998

Vorläufige Bischöfliche Richtlinien

für katholische Schwangerschaftskonfliktberatungsstellen nach § 219 StGB in Verbindung mit den §§ 5–7 des Schwangerschaftskonfliktgesetzes (SchKG)

Mit großer Sorge haben die deutschen Bischöfe zur Kenntnis genommen und immer wieder deutlich erklärt, daß durch die 1976 erfolgte Änderung des § 218 StGB der uneingeschränkte Schutz des ungeborenen Kindes staatlicherseits nicht mehr gewährleistet ist.

Das am 25. August 1995 verkündete Schwangeren- und Familienhilfeänderungsgesetz (SFHÄndG) bedeutet trotz einiger Verbesserungen eine weitere Verschlechterung des Lebensschutzes. Deshalb wird sich die katholische Kirche mit diesem Gesetz nicht abfinden.

Das Bemühen der Kirche, ihre Beratungstätigkeit auch unter den veränderten Bedingungen des neuen Gesetzes auszuüben, geschieht aus ihrem Selbstverständnis und ihrem eigenen Auftrag sowie in Verantwortung gegenüber dem ungeborenen Kind und der in Not geratenen Frau und ihrer Familie. Eine Zustimmung zum vorliegenden Gesetz ist damit nicht verbunden. Auch die endgültige Entscheidung der Deutschen Bischofskonferenz über eine Fortsetzung der Beratung innerhalb des gesetzlichen Rahmens wird damit nicht vorweggenommen.

Katholische Schwangerschaftskonfliktberatungsstellen werden – unbeschadet einer staatlichen Anerkennung – vom zuständigen Diözesanbischof anerkannt.

Für katholische Schwangerschaftskonfliktberatungsstellen gelten folgende Richtlinien:

§ 1

Ziel der Beratung ist der Schutz des ungeborenen Kindes. Die Beratung hat sich von dem Bemühen leiten zu lassen, die Frau zur Fortsetzung der Schwangerschaft und zur Annahme ihres Kindes zu ermutigen, ihr Perspektiven für ein Leben mit dem Kind zu eröffnen durch Überwindung der Not- und Konfliktlage, in der sich die Schwangere befindet. Dabei ist der Frau bewußtzumachen, daß das ungeborene Kind in jedem Stadium der Schwangerschaft auch ihr gegenüber ein eigenes Recht auf Leben hat und daß das menschliche Leben von Anfang an unverfügbar ist. Zugleich soll deutlich gemacht werden, daß aus der Sicht des christlichen Glaubens niemand über das Leben des ungeborenen Kindes verfügen darf.

§ 2

(1) Die Beratung erfolgt ganzheitlich und umfassend. Das Leben des ungeborenen Kindes kann nur mit der Mutter und durch sie geschützt werden. Die Beratung soll der Frau helfen, ihrer Verpflichtung gegenüber dem ungeborenen Kind gerecht zu werden. In einfühlsamem Gespräch und durch fachliche Klärung der Konfliktsituation will die Beratung die Bereitschaft wecken, die Probleme zu erkennen und sich damit auseinanderzusetzen. Gemeinsam mit der Frau sollen Wege aus der Konfliktlage gesucht und das Vertrauen in eine gemeinsame Zukunft mit dem Kind gestärkt werden.
(2) Die Beratung muß auf die Situation der ratsuchenden Frau eingehen unter Berücksichtigung ihrer gesamten Lebensverhältnisse in persönlicher, familiärer, beruflicher, wirtschaftlicher und sozialer Hinsicht. Sie muß auch auf die physischen und psychischen Folgen einer Abtreibung aufmerksam machen.

Eine Beratung ist nur möglich, wenn sich die Ratsuchende ihrerseits auf das gemeinsame Bemühen um Konflikterhellung und Konfliktüberwindung im Beratungsgespräch einläßt.
(3) Mit Einverständnis der Schwangeren und sofern es sinnvoll erscheint, soll die Beratung weitere Personen einbeziehen, vor allem den Vater des Kindes und andere Angehörige, die zur Lösung des Konfliktes beitragen können.
(4) Soweit erforderlich, sollen mit Einverständnis der Schwangeren weitere sachverständige Personen hinzugezogen werden.

§ 3

Das Konzept der katholischen Schwangerschaftskonfliktberatungsstellen verknüpft persönliche Beratung mit konkreter Hilfe und eröffnet dadurch eine Perspektive für ein Leben mit dem Kind.

Die Beratung schließt die Gewährung und Vermittlung der zur Verfügung stehenden Hilfen für Schwangere, Mütter und Kinder ein, die die Fortsetzung der Schwangerschaft und die Lage von Mutter und Kind erleichtern. Eine längerfristige Begleitung von Mutter und Kind über die Geburt hinaus wird angeboten.

§ 4

Die Beratung soll frühzeitig und unverzüglich erfolgen.

Katholische Beratungsstellen lehnen eine Beratung dann ab, wenn für die beratende Person offensichtlich ist, daß eine Beratung im Sinn dieser Richtlinien wegen eines bestehenden Zeitdrucks nicht möglich ist.

§ 5

(1) Die Beratungsstelle stellt nach Abschluß der Beratung auf Wunsch der Schwangeren einen mit Namen und Datum versehenen Nachweis darüber aus, daß eine Beratung im Sinn dieser Richtlinien stattgefunden hat *(Anlage 1)*.

Aus der Bescheinigung muß hervorgehen, daß

- die Beratung mit dem Ziel geführt wurde, das Leben des ungeborenen Kindes zu erhalten und zu schützen,
- Informationen vermittelt und praktische Hilfen angeboten wurden, die die Fortsetzung der Schwangerschaft und die Lage von Mutter und Kind erleichtern,
- auf die Möglichkeit einer weiteren Beratung und Begleitung während der Schwangerschaft und nach der Geburt des Kindes hingewiesen wurde.

(2) Hält die beratende Person eine Fortsetzung des Beratungsgespräches für notwendig, soll diese unverzüglich erfolgen.

(3) Ein Nachweis wird nicht ausgestellt, wenn

- die ratsuchende Frau sich nicht auf eine Beratung im Sinn dieser Richtlinien eingelassen hat,
- die ratsuchende Frau der Beratungsstelle gegenüber anonym geblieben ist,
- die beratende Person die Beratung als noch nicht abgeschlossen ansieht.

§ 6

Es ist weder mit dem Selbstverständnis katholischer Beratungsarbeit noch mit dem Schutzkonzept der Beratungsregelung vereinbar,

- Ratsuchende auf Ärzte, Krankenhäuser oder Einrichtungen hinzuweisen, die Schwangerschaftsabbrüche vornehmen,
- Anträge zur Finanzierung von Schwangerschaftsabbrüchen auszulegen, auszufüllen oder dabei unterstützend mitzuwirken,
- sich durch Gutachten, Stellungnahmen oder Erteilung von Auskünften an einer ärztlichen Indikationsfeststellung oder deren Vorbereitung zu beteiligen.

§ 7

Im Falle einer medizinischen oder kriminologischen Indikation ist eine Pflichtberatung nach dem Gesetz nicht vorgeschrieben. Dennoch ist es angezeigt, auch in diesen Konfliktfällen das Angebot der Beratung zu machen. Die Kirche steht dafür mit ihren Beratungsstellen und ihren weiterführenden Fachdiensten zur Verfügung, insbesondere bei einer möglichen Behinderung des Kindes.

§ 8

Zu den Aufgaben katholischer Beratungsstellen gehört auch die Beratung und Begleitung von Frauen nach einer Abtreibung.

§ 9

Die Beratung ist unentgeltlich.

§ 10

In der Schwangerschaftskonfliktberatungsstelle soll mindestens eine qualifizierte Fachkraft hauptberuflich tätig sein. Sie muß nach Fähigkeit und Erfahrung die Eignung für Konfliktberatung haben und über umfassende Kenntnisse in den sozialen Hilfemöglichkeiten verfügen.

Die Beratungsstellen können weitere sachkundige Personen, insbesondere Seelsorger, Ärzte Psychologen, Sozialpädagogen/Sozialarbeiter und Juristen, hinzuziehen.

§ 11

Über alle in der Beratung anvertrauten Angelegenheiten ist Verschwiegenheit zu bewahren.

Alle Mitarbeiterinnen und Mitarbeiter der Beratungsstellen haben sich über die einschlägigen Rechtsvorschriften gründlich zu informieren, insbesondere über die Verschwiegenheitspflicht

(§ 203 Abs. 1 Ziff. 4a StGB), das Zeugnisverweigerungsrecht (§§ 53, 53a StPO) und das Beschlagnahmeverbot (§ 97 StPO).

§ 12

Die Träger der Beratungsstellen sorgen dafür, daß sich alle Mitarbeiterinnen und Mitarbeiter über die spezifische Zusatzqualifikation hinaus ständig fortbilden.

Die katholischen Beratungsstellen verpflichten sich zu regelmäßigem Erfahrungsaustausch.

Die von den Diözesen/Diözesancaritasverbänden und vom Deutschen Caritasverband sowie dem angeschlossenen Sozialdienst katholischer Frauen angebotenen oder empfohlenen Fort- und Weiterbildungsveranstaltungen sind von Mitarbeiterinnen und Mitarbeitern der Beratungsstellen wahrzunehmen.

Näheres regeln die Ausführungsbestimmungen.

§ 13

Im Hinblick auf die besonderen Anforderungen der Schwangerschaftskonfliktberatung ist über die Fort- und Weiterbildung hinaus das Angebot einer kontinuierlichen pastoralen Begleitung notwendig, das die Diözese sicherstellt.

§ 14

Die Beratungsstellen und ihre Beratungszeiten werden öffentlich bekannt gemacht.

Darüber hinaus soll ein Telefondienst ratsuchenden schwangeren Frauen die Kontaktaufnahme und eine kurzfristige Beratung ermöglichen.

§ 15

(1) Die Anerkennung katholischer Beratungsstellen erfolgt durch den zuständigen Diözesanbischof nach Anhörung des Diözesan-

caritasverbandes. Die bischöfliche Anerkennung ist für katholische Beratungsstellen Voraussetzung, auch als staatlich anerkannte Beratungsstelle tätig zu sein.
(2) In dem Antrag auf Anerkennung durch den Diözesanbischof hat sich der Träger schriftlich zu verpflichten, daß die Beratungsstelle entsprechend diesen Richtlinien tätig ist.

§ 16

Alle in den katholischen Beratungsstellen tätigen Mitarbeiterinnen und Mitarbeiter verpflichten sich schriftlich auf die Einhaltung dieser Richtlinien. Diese Erklärung (*Anlage 2*) ist zu den Personalakten zu nehmen.

Die Nichteinhaltung dieser Richtlinien hat arbeitsrechtliche Konsequenzen.

§ 17

(1) Der Diözesanbischof veranlaßt im Abstand von drei Jahren eine Überprüfung der Beratungsstelle im Hinblick auf die Qualität der Arbeit und die Einhaltung dieser Richtlinien.
(2) Die kirchliche Anerkennung wird widerrufen, wenn gegen die Zielsetzung der Beratung und gegen diese Richtlinien verstoßen wird.
(3) Die Anerkennung und der Widerruf der Anerkennung werden im Amtsblatt der Diözese bekannt gemacht.

Würzburg, den 21. November 1995

Anerkannte
Beratungsstelle des/der ______________________________

Name, Anschrift

Nachweis

nach § 219 Abs. 2 Satz 2 StGB in der Fassung des Schwangeren- und Familienhilfeänderungsgesetzes (SFHÄndG) vom 25. August 1995

Frau ______________________________

Anschrift ______________________________

Geburtsdatum ______________________________

Datum des letzten Beratungsgespräches ______________________________

ist gemäß den *Vorläufigen Bischöflichen Richtlinien für katholische Schwangerschaftskonfliktberatungsstellen nach § 219 StGB in Verbindung mit den §§ 5 bis 7 des Schwangerschaftskonfliktgesetzes (SchKG)* vom 21.11.1995 beraten worden.

Die Beratung diente dem Schutz des ungeborenen Kindes. Sie war von dem Bemühen begleitet, zur Fortsetzung der Schwangerschaft zu ermutigen und Perspektiven für ein Leben mit dem Kind zu eröffnen. Die nach der Sachlage und dem Schwangerschaftskonfliktgesetz erforderlichen Informationen wurden gegeben. Die möglichen praktischen Hilfen, die die Fortsetzung der Schwangerschaft und die Lage von Mutter und Kind erleichtern, wurden aufgezeigt. Unterstützung bei Inanspruchnahme der Hilfen wurde angeboten.

Über die Möglichkeiten einer weiteren Beratung und Begleitung während der Schwangerschaft und nach der Geburt des Kindes wurde informiert.

Ort, Datum	Stempel, Unterschrift

Name, Anschrift

Erklärung

Hiermit bestätige ich, daß ich den Text der *Vorläufigen Bischöflichen Richtlinien für katholische Schwangerschaftskonfliktberatungsstellen nach § 219 Strafgesetzbuch (StGB) in Verbindung mit den §§ 5 bis 7 des Schwangerschaftskonfliktgesetzes (SchKG)* vom 21.11.1995 erhalten habe.

Ich verpflichte mich auf die Einhaltung dieser Richtlinien und nehme zur Kenntnis, daß ihre Nichteinhaltung arbeitsrechtliche Konsequenzen hat.

Ort, Datum

Unterschrift

Christoph Götz

Die Kontroverse um die Abtreibung

Chronologie der Ereignisse

25.4.73: Hirtenschreiben der deutschen Bischöfe »Zum Schutz des ungeborenen Lebens«.

18.6.74: Das Fristenregelungsgesetz wird vom Deutschen Bundestag mit den Stimmen von CDU und SPD verabschiedet. Danach sind Schwangerschaftsabbrüche in den ersten drei Monaten straffrei.

21.6.74: Auf Antrag der Landesregierung Baden-Württembergs, dem sich die Landesregierungen von Rheinland-Pfalz und des Saarlandes anschließen, ergeht in öffentlicher Sitzung des Ersten Senats des Bundesverfassungsgerichts die einstweilige Anordnung, nach der das am 18. Juni beschlossene Gesetz in wesentlichen Teilen nicht in Kraft tritt. Die auf jeweils drei Monate befristete Anordnung wird dreimal verlängert und bleibt bis zur Verkündung des Urteils am 25. Februar 1975 in Kraft, so daß die vom Bundestag am 18. Juni 1974 beschlossene Fristenlösung keine Anwendung findet.

25.2.75: Das Fristenregelungsgesetz aus dem Jahr 1974 wird durch das erste Abtreibungsurteil des Bundesverfassungsgerichts als verfassungswidrig abgelehnt.

26.1.76: Erklärung des Ständigen Rates der Deutschen Bischofskonferenz »Zur Neuregelung des § 218«.

18.5.76: Der Bundestag beschließt mit den Stimmen der Koalitionsfraktionen SPD und F.D.P. eine weitgefaßte Indikationslösung, die wegen ihrer wenig präzisen Formulierungen dem Urteil des Bundesverfassungsgerichts zwar nicht gerecht wird, schließlich aber bis Anfang der 90er Jahre in Kraft bleibt.
In der ehemaligen DDR stand die sogenannte »Schwangerschaftsunterbrechung« nach den §§ 153–155 des Strafgesetzbuches der DDR von 1968 unter Strafe, wenn sie nicht gemäß der Fristenregelung mit Indikationslösung durchgeführt wurde. Am 9. März 1972 verabschiedete die Volkskammer das eigentliche »Gesetz über die Unterbrechung der Schwangerschaft«, eine Fristenregelung, nach der eine Abtreibung in den ersten drei Schwangerschaftsmonaten erlaubt war.

27.8.79: Hirtenschreiben der deutschen Bischöfe »Dem Leben dienen. Zur Situation nach der Änderung des § 218«.

22.9.82: Hirtenwort der am Grabe des hl. Bonifatius versammelten deutschen Bischöfe »Wähle das Leben«.

24.11.86: Schreiben der deutschen Bischöfe »Für das Leben. Pastorales Wort zum Schutz der ungeborenen Kinder«.

10.3.87: Instruktion »Donum vitae« der Kongregation für die Glaubenslehre über die Achtung vor dem beginnenden menschlichen Leben und die Würde der Fortpflanzung.

30.11.89: Die gemeinsame Erklärung der Deutschen Bischofskonferenz und des Rates der Evangelischen Kirche in Deutschland »Gott ist ein Freund des Lebens – Herausforderungen und Aufgaben beim Schutz des Lebens« betont nachhaltig die Sorge der Kirche um den Schutz insbesondere des vorgeburtlichen Lebens.

25.8.90: In einer gemeinsamen Erklärung setzen sich der Vorsitzende der Deutschen Bischofskonferenz, Karl Lehmann, und der Vorsitzende des Rates der EKD, Martin Kruse, für einen wirkungsvolleren Schutz des ungeborenen Lebens im nun wiedervereinten Deutschland ein.

3.10.90: Der Einigungsvertrag – am 31. August 1990 von den Kabinetten in Bonn und Berlin gebilligt und am 20. September von beiden Parlamenten ratifiziert – verpflichtet den gesamtdeutschen Gesetzgeber, bis zum 31. Dezember 1992 die gespaltene Rechtslage zu vereinheitlichen; bis dahin gilt zweierlei Recht: die Indikationsregelung in den alten und die Fristenregelung in den neuen Bundesländern.

91: Im Deutschen Bundestag werden sechs verschiedene Gesetzentwürfe diskutiert.

23.9.91: Bei der Herbstvollversammlung der Deutschen Bischofskonferenz in Fulda hält der Vorsitzende, Bischof Karl Lehmann, sein Eröffnungsreferat über »Das Eintreten für das Lebensrecht des ungeborenen Kindes als christlicher und humaner Auftrag«.

27.7.92: Das »Gesetz zum Schutz des vorgeburtlichen/werdenden Lebens, zur Förderung einer kinderfreundlicheren Gesellschaft, für Hilfen im

Schwangerschaftskonflikt und zur Regelung des Schwangerschaftsabbruchs (Schwangeren- und Familienhilfegesetz, SFHG)« regelt in Art. 13 den Schwangerschaftsabbruch nach einem modifizierten Fristenmodell mit Beratungspflicht, wonach Abtreibung in den ersten drei Monaten der Schwangerschaft generell nicht nur als »nicht strafbar« gilt, sondern für »nicht rechtswidrig« erklärt wird. Dem Gesetz hatten die meisten Abgeordneten von SPD und F.D.P. sowie eine Reihe von Parlamentariern der CDU zugestimmt.
Am Tag seiner Verkündigung, am 4. August 1992, verhindert das Bundesverfassungsgericht das Inkrafttreten der Fristenregelung durch eine einstweilige Anordnung über den strafrechtlichen Kern (Art. 13) des SFHG. Somit gilt weiterhin die Indikationsregelung in den alten und die Fristenregelung in den neuen Bundesländern.

28.5.93: Die vom Bundesverfassungsgericht beschlossene und mit Wirkung vom 16. Juni Geltung erlangende Übergangsregelung hebt das SFHG in seinem strafrechtlichen Kern als verfassungswidrig auf und schafft einheitliches Recht. Danach gelten Abtreibungen weiterhin als rechtswidrig, können aber nach § 218 in bestimmten Ausnahmefällen straffrei bleiben. Das Konzept der katholischen Beratungsstellen beeinflußt maßgeblich die in § 219 StGB festgeschriebenen Anforderungen an die Beratung einer Schwangeren.
Mit Wirkung vom 16. Juni 1993 gilt bis zum Inkrafttreten eines neuen Gesetzes ein am Schutz des ungeborenen Lebens orientiertes Beratungs-

konzept. Danach wird der Schwangerschaftsabbruch grundsätzlich rechtlich mißbilligt und das Lebensrecht des Kindes als gleichwertig gegenüber dem Selbstbestimmungsrecht der schwangeren Frau betont. Des weiteren wird geregelt: 1. In den ersten zwölf Wochen nach der Empfängnis bleibt ein vom Arzt durchgeführter Schwangerschaftsabbruch nach Beratung und Einwilligung der Schwangeren zwar straffrei, aber dennoch rechtswidrig (Tatbestandsausschluß), die Kosten können unter Umständen von der Sozialhilfe übernommen werden; 2. In Ausnahmefällen, bei Vorliegen einer medizinischen, embryopathischen oder kriminologischen Indikation, kann ein Abbruch rechtmäßig sein, die Kosten sollte dann die Krankenkasse tragen.

29.9.93: Erzbischof Johannes Dyba untersagt den in seinem Bistum (Fulda) angesiedelten katholischen Beratungsstellen das Ausstellen der Beratungsbescheinigung.

25.3.95: In seiner Enzyklika »Evangelium vitae« betont Papst Johannes Paul II. den »Wert und die Unantastbarkeit des menschlichen Lebens« und wendet sich entschieden gegen jede Form der Mitwirkung an Abtreibung und Euthanasie.

29.6.95: Nach Diskussion mehrerer Gesetzentwürfe wird das »Schwangeren- und Familienhilfeänderungsgesetz (SFHÄndG)« – ein Kompromiß aus den Entwürfen der CDU/CSU, SPD und F.D.P. – mit Zweidrittelmehrheit vom Bundestag verabschiedet. Entsprechend dieser Neuregelung des § 218 StGB gilt ein Schwangerschaftsabbruch als rechtswidrig, bleibt aber straffrei, wenn (1.) vor dem Abbruch eine Schwangerschaftskonfliktberatung gemäß § 219 nachgewiesen werden kann, (2.) die Abtreibung innerhalb der ersten zwölf Schwangerschaftswochen auf Wunsch und mit Zustimmung der Schwangeren und (3.) durch einen Arzt erfolgt. Die in § 219 definierte Schwangerschaftskonfliktberatung ist nur dann verpflichtend vorgeschrieben, wenn keine (medizinische oder kriminologische) Indikation vorliegt; für die medizinische Indikation gilt nicht die 22 Wochen-Frist, die embryopathische Indikation entfällt bzw. geht in die medizinische ein. Ziel der Beratung – so sieht es das Gesetz vor – ist es, zur Fortsetzung der Schwangerschaft zu ermutigen und Lebensperspektiven für Mutter und Kind zu eröffnen. Das Gesetz tritt am 1. Oktober 1995 in Kraft.

Sept. 95: Bei der Herbstvollversammlung vom 25.–28. September in Fulda beschließen die Bischöfe trotz ebenfalls deutlich artikulierter Kritik an der Neufassung des Gesetzes, den Beratungsstellen bis auf weiteres das Ausstellen der Beratungsbescheinigungen nicht zu untersagen. Das Votum entstand unter dem Eindruck eines den Bischöfen zur Herbstvollversammlung bereits vorliegenden, am 29. September veröffentlichten Papstbriefes.

29.9.95: In einem ersten Brief an die deutschen Bischöfe äußert sich Papst Johannes Paul II. zur kirchlichen Schwangerschaftskonfliktberatung. Er gibt keine eindeutige Weisung hinsichtlich des Verbleibs kirchlicher Beratungsstellen im staatlichen System und des Beratungsscheins. Der Papst mahnt aber, daß die Kirche in keinem Fall mitschuldig werden dürfe an der Tötung ungeborener Kinder; zwar sei die Zusammenarbeit von Kirche und Staat von großer Bedeutung, doch dürfe die Freiheit der Kirche nicht beeinträchtigt werden.

Fünf Bischöfe – Bischof Lehmann Mainz/Vorsitz DBK), Kardinal Meisner (Köln), Kardinal Wetter (München-Freising), Erzbischof Saier (Freiburg) und Bischof Kasper (Rottenburg-Stuttgart) – bilden eine Delegation, die zukünftig die Gespräche mit dem Papst und der Glaubenskongregation führen soll.

21.11.95: Der Ständige Rat der Deutschen Bischofskonferenz beschließt die »Vorläufigen Bischöflichen Richtlinien für katholische Schwangerschaftskonfliktberatungsstellen«. Diese Richtlinien stellen in einigen Punkten strengere und weitergehende Anforderungen an die Beratung Schwangerer, als dies durch die gesetzlichen Vorgaben als Mindeststandard definiert ist.

Dez.95: Die Delegation der Deutschen Bischofskonferenz führt in Rom ein erstes Gespräch mit Vertretern der Kurie.

26.9.96: In ihrer auf der Herbstvollversammlung beschlossenen Erklärung »Menschenwürde und Menschenrechte von allem Anfang an« beziehen die Bischöfe Stellung »zur ethischen Beurteilung der Abtreibung« und kritisieren abermals die neugefaßten strafrechtlichen Bestimmungen zur Abtreibung in § 218 StGB.

17.–20.2.97: Die deutschen Bischöfe debattieren auf ihrer

Frühjahrsvollversammlung in Mallersdorf wiederum über die Zulässigkeit der Beteiligung katholischer Beratungsstellen an der staatlichen Schwangerschaftskonfliktberatung. Es wird die Bedeutung gerade der kirchlichen Beratungstätigkeit für Frauen in Konfliktsituationen als unersetzlich betont, obgleich auch das Dilemma gesehen wird, daß der Schein einerseits eine Beratung im Sinne des Lebensschutzes nachweist, andererseits aber eine der Voraussetzungen für eine straffreie Abtreibung ist.

4.4.97: Zum zweiten Mal findet in Rom ein Gespräch zwischen der Delegation der deutschen Bischöfe und Vertretern der Kurie statt. Das aus diesem Treffen hervorgegangene Kommuniqué beteuert zwar die grundsätzliche Übereinstimmung im Hinblick auf die kirchliche Lehre zur Abtreibung und zum Lebensschutz; deutlich wird jedoch auch, daß zwischen den Bischöfen aus Deutschland und den Vertretern der römischen Kurie große Meinungsunterschiede hinsichtlich der Beratungsbescheinigung bestehen.

Mai 97: Nachdem in einer Sitzung der Glaubenskongregation die Schwangerschaftskonfliktberatung nochmals erörtert wurde, ersuchen die deutschen Bischöfe um eine Audienz beim Papst.

27.5.97: Mit Ausnahme von Erzbischof Dyba legen – nach Angabe der Frankfurter Allgemeinen Zeitung – die deutschen Diözesanbischöfe dem Papst einmütig dar, weshalb sie für eine Fortsetzung der kirchlichen Beratungstätigkeit im bisherigen Umfang plädieren.

Mitte Jan. 98:	In einem zweiten Brief, der das Datum vom 11. Januar 1998 trägt, wendet sich Papst Johannes Paul II. noch einmal in Sachen Schwangerschaftskonfliktberatung an die deutschen Bischöfe. Abermals legt er seine Position zum deutschen Abtreibungsrecht und insbesondere zur Rolle der Beratungsbescheinigung dar. Bischof Lehmann übermittelt den Brief am 20. Januar den Kardinälen, zwei Tage später den übrigen Bischöfen. In dem Schreiben bittet der Papst die deutschen Bischöfe eindringlich, »nach neuen Wegen« zu suchen, die es ermöglichen, einerseits das kirchliche Beratungsangebot zu verstärken, andererseits aber auf die Ausstellung eines Beratungsscheins in der bisherigen Art durch kirchliche Stellen zu verzichten, da der Schein das Zeugnis der Kirche für die Unantastbarkeit menschlichen Lebens verdunkle und Zweifel an der kirchlichen Haltung zum Lebensschutz aufkommen lasse. Die Bischöfe sichern dem Papst in einem Schreiben zu, nach entsprechenden Wegen zu suchen und eine Arbeitsgruppe zu bilden, die sich ausgiebig mit der Beratungspraxis auseinandersetzen soll.
Jan. 98:	Der Deutsche Orden erklärt seine Bereitschaft, die katholischen Schwangerenberatungsstellen zu übernehmen und die Schwangerschaftskonfliktberatung wie bisher fortzuführen, sollte sich die katholische Kirche aus dem staatlichen Beratungssystem zurückziehen.
Feb. 98:	Joseph Kardinal Ratzinger, Präfekt der Glaubenskongregation, begrüßt während eines Aufent-

halts in Hamburg die Vorgehensweise der deutschen Bischöfe und fordert gleichzeitig von der Bundesregierung, die Möglichkeit einer Änderung der die Abtreibung betreffenden Gesetze zu überdenken.

3.3.98: Wie vom Ständigen Rat der Deutschen Bischofskonferenz am 26. Januar 1998 beschlossen, setzt die Deutsche Bischofskonferenz auf ihrer Frühjahrsvollversammmlung in Bad Honnef eine Arbeitsgruppe ein, deren Aufgabe es ist zu untersuchen, wie die Bischöfe dem Anliegen des Papstes entsprechen können, wonach die Beratungstätigkeit für Schwangere intensiviert werden soll, ohne jedoch eine Bescheinigung der bisherigen Art auszustellen. Konkret ist es Aufgabe des Gremiums, Alternativen zur Ausstellung des bisherigen Beratungsscheins durch katholische Einrichtungen zu entwickeln.

Die Arbeitsgruppe setzt sich aus den bischöflichen Mitgliedern Bischof Karl Lehmann (Mainz), Erzbischof Oskar Saier (Freiburg), Bischof Joachim Reinelt (Dresden-Meißen), Weihbischof Josef Voß (Münster), sechs ständigen Beratern, drei ständigen Gästen sowie einer zweiköpfigen Geschäftsführung zusammen; zudem besteht die Möglichkeit, zu einzelnen Sachfragen zusätzliche Fachleute einzuladen. Die § 218-Arbeitsgruppe will bis zum Frühjahr 1999 ein Ergebnis erzielen und der Bischofskonferenz einen Vorschlag über die weitere Vorgehensweise unterbreiten. Rom soll über den Fortgang der Beratungen fortlaufend informiert werden.

Mehrheitlich und deutlich kritisieren die Bischöfe Äußerungen des Fuldaer Erzbischofs Johannes Dyba, der im Vorfeld der Vollversammlung die § 218-Arbeitsgruppe indirekt als überflüssig und ihre Einsetzung als Zeichen von Hilflosigkeit bewertet hatte.

20.5.98: In einem vom Papst approbierten Brief – so meldet die KNA –, der über den Apostolischen Nuntius in Deutschland, Erzbischof Giovanni Lajolo, dem Vorsitzenden der Deutschen Bischofskonferenz zugeleitet wird, mahnt Kurienkardinal Joseph Ratzinger eine möglichst schnelle Entscheidung der deutschen Bischöfe in Sachen Schwangerschaftskonfliktberatung an.

26.6.98: Bischof Lehmann trifft – ebenfalls nach KNA-Informationen – am Rande einer Sitzung der Bischofs-Kongregation im Vatikan mit dem Papst zusammen und informiert diesen über den Stand der Beratungen in Deutschland.

14.8.98: Katholische Frauen gründen mit Unterstützung der Kirchenvolks-Bewegung den Verein »Frauenwürde«. Der Verein will sich für schwangere Frauen, für Kinder und Familien einsetzen und erklärt sich insbesondere bereit, im Falle des Ausstiegs der katholischen Kirche aus dem staatlichen Beratungssystem die Schwangerschaftskonfliktberatung im Rahmen der gesetzlichen Maßgaben zu übernehmen.

21.–24.9.98: Auf der Herbstvollversammlung in Fulda erläutert der Vorsitzende der Deutschen Bischofskonferenz, Bischof Karl Lehmann, seinen Mitbrüdern im Bischofsamt die bisherigen Ergebnisse der Arbeitsgruppe, die bislang dreimal getagt und drei weitere Sitzungen bis zur Unterbreitung eines Vorschlags geplant hat. Bis Ende des Jahres soll die Arbeitsgruppe eine Entscheidung bzgl. der weiteren Beratungspraxis treffen, die dann im Ständigen Rat der Bischofskonferenz Ende Januar 1999 beraten wird; die Früjahrsvollversammlung soll entsprechend diesem Zeitplan im darauffolgenden Monat einen Beschluß fassen, der schließlich im Vatikan vorgelegt werden soll.